SaaS创业之路
产品、营销、服务、经营实践与思考

丰宪飞◎编著

电子工业出版社
Publishing House of Electronics Industry
北京·BEIJING

内 容 简 介

这是一本面向 SaaS 赛道相关从业者的书，内容不只是聚焦在产品、运营、经营等某个具体模块，还从更体系化的维度让读者从全局视角理解 SaaS。本书的主要内容包括：SaaS 概述及机遇；SaaS 产品整体规划、设计及管理；SaaS 获客、转化、客户成功服务；关于战略、商业模式、业务经营的思考；本书作者连续创业 5 年的实践与反思。

本书适合 SaaS 赛道的相关从业者阅读，包括产品经理、市场人员、销售人员、客户成功服务人员、运营人员、创业者等。本书对于对 SaaS 产品感兴趣，并且想要转行进入 SaaS 赛道的相关人员也有一定的参考价值。

未经许可，不得以任何方式复制或抄袭本书之部分或全部内容。
版权所有，侵权必究。

图书在版编目（CIP）数据

SaaS 创业之路：产品、营销、服务、经营实践与思考 / 丰宪飞编著. —北京：电子工业出版社，2022.6
ISBN 978-7-121-43415-0

Ⅰ. ①S… Ⅱ. ①丰… Ⅲ. ①企业管理－应用软件 Ⅳ. ①F272.7

中国版本图书馆 CIP 数据核字（2022）第 077415 号

责任编辑：李利健　　　　　特约编辑：田学清
印　　刷：三河市君旺印务有限公司
装　　订：三河市君旺印务有限公司
出版发行：电子工业出版社
　　　　　北京市海淀区万寿路 173 信箱　　邮编：100036
开　　本：720×1000　1/16　　印张：12.75　　字数：224 千字
版　　次：2022 年 6 月第 1 版
印　　次：2022 年 6 月第 1 次印刷
定　　价：69.90 元

凡所购买电子工业出版社图书有缺损问题，请向购买书店调换。若书店售缺，请与本社发行部联系，联系及邮购电话：（010）88254888，88258888。
质量投诉请发邮件至 zlts@phei.com.cn，盗版侵权举报请发邮件至 dbqq@phei.com.cn。
本书咨询联系方式：（010）51260888-819，faq@phei.com.cn。

推荐语

我做股权投资近 20 年了，近些年，SaaS 一直是投资人关注的重要领域。不过，我国 SaaS 行业的发展相对于其他国家来说比较缓慢，很多人并没有真正理解 SaaS，甚至不清楚 SaaS 的基本内涵。因此，我们需要更多的专家来普及行业知识，传授行业经验。本书就是一本非常不错的图书，内容翔实，值得一读。

——吴智勇　丰厚资本创始合伙人、IPO 资本创始人

SaaS 让 IT 技术真正成为工具，凸显 IT 背后所承载的服务能力，这是时代趋势。软件的供给模式从售卖变为订阅服务，客户不再关注技术架构和单纯的软件功能，他们需要从 SaaS 产品中不断获取价值，体验良好的服务，所以深刻洞察客户并持续提供价值和服务是 SaaS 创业者的核心竞争力。同时行业数据的沉淀是 SaaS 服务的巨大红利，没有大数据能力的 SaaS 企业是不合格的企业，《SaaS 创业之路：产品、营销、服务、经营实践与思考》一书从实际创业案例出发，对 SaaS 行业所覆盖的知识做了系统性总结，对 SaaS 创业者来说是一本难得的工具书。

——卢鹏宇　润物创投创始合伙人

在技术、需求、变化、政策的加持下，未来几年互联网创业的机会还在增加。看准趋势和方向，掌握先进的技术和方法，有助于少走弯路。《SaaS 创业之路：产品、营销、服务、经营实践与思考》一书为 SaaS 行业的创业者就提供了很好的参考，值得阅读。

——张新红　国家信息中心信息化研究部副主任、专家委员会成员

近些年，SaaS 是一个热门赛道，SaaS 创业已经开始渗透到各行各业，SaaS 创业公司通过给传统企业提供 SaaS 产品，助力各行业进行数字化转型，在这样的机

遇下，如何才能做好 SaaS 创业？相信读者在本书中会找到答案。

——肖时喜　中国航天科工集团航天精一研究院副院长、数字城市
事业部总经理

SaaS 平台随着数字经济的迅猛发展而变得越来越重要，在某产业链领域内创生出的数字生态产业链甚至反向促进该产业的生产力得到指数级的增长。因此，SaaS 的重要性产生的商业魅力自然会催生该赛道的创业热潮。但是具体到一门生意或一个项目时，创业过程中的实操和落地却是创业者们迫切需求的。

小飞哥在 SaaS 领域沉淀多年，他在本书中展示的经验、原则、建议、见解等深入浅出、细致入微，一定会给您带来不一样的体验。

——袁兴玮　历任香江金控、雪松控股、三诺集团等上市公司、大型集团
投资部 VP、负责人

本书可作为 SaaS 创业者的工具书，它为创业经营中的各关键环节提供了清单式的方法论，能够帮助读者不遗漏关键的注意事项，同时，还能向初次创业的人传递一套很强的结构化思维。清单式的方法论和结构化思维虽然不一定能确保创业者避坑，但至少能够让创业者预知困难并早做准备，以及在遇到困难时有一条思考主线去解题。

——蒲世林　销帮帮 CEO

关于 SaaS 行业如何做好产品、营销、客户成功服务、经营，本书都给出了很好的解答，相信你在阅读后，一定会有收获和成长。

——老曹　人人都是产品经理、起点课堂 CEO

"工欲善其事，必先利其器"，创业有其偶发性，但离不开方法论。本书通俗易懂，详细讲述了创业过程中一些具体的操作方法，可以作为 SaaS 创业者的参考用书。

——崔强　崔牛会创始人兼 CEO

推荐语

我国有关SaaS行业的知识是相对分散的，或专注于产品，或专注于服务，或专注于商业实战、营销获客，且各自都有相应的模型和方法论。但目前少见覆盖产品设计、营销转化、服务方向、商业实战、发展规划的SaaS行业全生命周期的知识输出及整体方法论，本书恰好是这样一本图书，值得每一位SaaS从业者阅读。

——海阳　3W集团ToB行业头条主编

选择比努力更重要。对SaaS创业公司来说，选对业务领域，搞清楚要为客户解决什么问题，并结合自己的能力找到合适的产品战略是最重要的。本书作者也以他丰富的实操经验，深入浅出地阐述了产品规划、设计、管理、获客、转化、客户成功服务、战略、商业模式、业务经营等全方位的框架性思考，可作为SaaS创业者的指导。

——张哲铭　美团点评前产品总监、有赞产品总监

前　言

在 SaaS 赛道从业多年的历程中，除了收获了一些实战经验，我还会深度思考与观察行业的发展方向。业余时间，我会把自己对 SaaS 的理解、实践、观察及相关思考以文字形式在公众号"小飞哥笔记"中输出，这些文章也获得了广大网友的好评。

在获得公众号粉丝破万名的正向反馈后，我就一直想动笔写一本与 SaaS 相关的书，内容涉及 SaaS 产品、获客、转化、客户成功服务、业务经营等更加体系化的内容。正在这个时候，电子工业出版社的李利健老师邀请我写一本关于 SaaS 的书，于是就有了本书。

本书内容

绪论部分介绍 SaaS 概述及机遇。

第 1~5 章介绍 SaaS 产品整体规划、设计及管理。

第 1 章介绍制定 SaaS 产品战略的一些方法与注意事项；第 2 章介绍 SaaS 产品规划；第 3 章介绍 SaaS 产品设计（包括信息架构图的梳理、产品交互、产品方案、个性化需求的设计、产品设计的原则）；第 4 章介绍 SaaS 产品研发与管理（包括产品研发要注意的问题；项目管理；数据收集与分析，持续进行产品迭代）；第 5 章介绍从 0 到 1 规划与设计 SaaS 产品（包括方向、破局点、框架性的产品路径规划、需求的收集及分析、产品架构搭建、页面及功能设计、种子期客户运营）。

第 6~9 章介绍 SaaS 获客、转化、客户成功服务。

第 6 章介绍 SaaS 如何搭建获客系统（包括不同阶段的获客目标、拆解获客系统、SaaS 获客全流程的梳理、不同客户类型的 SaaS 获客思路）；第 7 章介绍 SaaS 如何进行线索拓展（包括对客户线索的理解、客户画像、线索团队的组建及绩效考量、获取线索的 3 种方法）；第 8 章介绍 SaaS 如何进行销售管理（包括 SaaS 销售的思考框架，SaaS 销售的模式，销售团队的目标制定及过程管理，销售团队的提成设计，SaaS 销售流程的梳理，自建团队和发展渠道的选择，发现、激活、赋能代理商）；第 9 章介绍 SaaS 客户成功服务（包括客户成功的定义、客户交接、新手启动阶段、客户成长阶段、可能流失客户挽回阶段、客户生命周期价值）。

第 10~12 章介绍关于战略、商业模式、业务经营的思考。

第 10 章介绍对 SaaS 战略全貌的理解（包括战略的十大学派思想、如何找到自己的战略势能、坚持战略和制定战略同等重要）；第 11 章介绍 SaaS 商业模式的梳理（包括为什么要梳理商业模式、什么是商业模式、认知客户价值、创造客户价值、传播客户价值、交付客户价值、创造企业价值、价值支撑活动、竞争壁垒）；第 12 章介绍 SaaS 业务经营的相关思考（包括 SaaS 经营计划的制订，SaaS 业务经营的底层逻辑，追求营利性增长，SaaS 2.0——服务即服务，SaaS 如何保持可持续性创新，如何搭建一个产业互联网平台，如何提高决策能力，SaaS 创业失败的关键原因）。

后记部分介绍我连续创业 5 年的实践与反思。

读者对象

本书的读者对象是 SaaS 赛道的相关从业者，包括产品经理、市场人员、销售人员、客户成功服务人员、运营人员、创业者等。本书对于对 SaaS 产品感兴趣，并且想要转行进入 SaaS 赛道的相关人员也有一定的参考价值。

本书特色

与同类图书相比，本书不只是聚焦在产品、运营、经营等某个具体模块，还从更体系化的维度让读者从全局视角理解 SaaS，知道要把哪些经营活动做好，才能做好 SaaS 创业。本书分别从 SaaS 产品整体规划、设计及管理维度，SaaS 获客、转化、客户成功服务维度，战略、商业模式、业务经营等维度详细讲解了不同维度下的经营活动应该如何去做。

致谢

感谢公众号"小飞哥笔记"的每一位粉丝，是他们对公众号上的文章的认可，以及对 SaaS 相关问题的深度交流，给了我很多启发与动力，让我有勇气写出本书。

感谢我创业期间的合伙创始人孟威，是他给了我足够的平台去实践、经营

SaaS 产品，让我对 SaaS 产品的理解更全面、更有深度。

感谢电子工业出版社的李利健老师邀请我写书，以及在写书过程中给予的各种帮助，有了她的帮助，我才能顺利完成本书。

感谢我生命中遇见的每一个人，是他们的出现，增加了我对外的沟通与互动，让我不断完善自我，也让我有一个更好的状态完成本书。

丰宪飞

目 录

绪论 SaaS 概述及机遇 1

第 1 部分 SaaS 产品整体规划、设计及管理

第 1 章 SaaS 产品战略 8
- 1.1 战略的核心：STP 9
  - 1.1.1 市场细分 9
  - 1.1.2 目标市场选择 10
  - 1.1.3 定位 11
- 1.2 制定指导方针 11
  - 1.2.1 分析当前形势 11
  - 1.2.2 重大问题 13
  - 1.2.3 指导方针 14
  - 1.2.4 一系列连贯性活动 14
- 1.3 SaaS 产品核心价值的梳理与量化 15
- 本章小结 17

第 2 章 SaaS 产品规划 18
- 2.1 需求的类型 19
- 2.2 需求收集 21
  - 2.2.1 需求收集的方法 21
  - 2.2.2 需求收集的内容 23
- 2.3 需求分析 26
  - 2.3.1 运用业务流程进行需求分析 26
  - 2.3.2 运用业务场景进行需求分析 31

- 2.4 需求管理 39
  - 2.4.1 需求全生命周期管理 39
  - 2.4.2 需求库管理 40
  - 2.4.3 需求取舍和需求优先级排序 41
- 2.5 产品架构搭建 43
  - 2.5.1 解决某类问题 44
  - 2.5.2 功能分类整合 44
  - 2.5.3 模块之间的逻辑关系 46
  - 2.5.4 多端组合形成产品线 47
- 2.6 产品年度规划 48
  - 2.6.1 愿景 48
  - 2.6.2 机会与问题分析 48
  - 2.6.3 明确战略定位 49
  - 2.6.4 战略路线图 50
  - 2.6.5 产品路线图 51
- 2.7 不同生命周期的产品把握重点 52
  - 2.7.1 MVP 阶段 52
  - 2.7.2 PMF 阶段 54
  - 2.7.3 快速成长期 56
  - 2.7.4 成熟期 56
- 本章小结 57

第 3 章 SaaS 产品设计 58

- 3.1 信息架构图的梳理 59
- 3.2 产品交互 61
- 3.3 产品方案 63
- 3.4 个性化需求的设计 63
  - 3.4.1 功能可配置 64
  - 3.4.2 业务系统可配置 65
  - 3.4.3 多套模板可供选择 66
  - 3.4.4 插件或应用可供选择 66
  - 3.4.5 支持二次开发 67

3.4.6	角色及角色权限可配置	67
3.4.7	不提供标品，只做能力	67
3.4.8	多个版本可供选择	68
3.4.9	如何把握好个性化设计的灵活度	69

3.5 产品设计的原则 ... 69

本章小结 ... 73

第 4 章 SaaS 产品研发与管理 74

4.1 产品研发要注意的问题 ... 75

4.2 项目管理 ... 75

  4.2.1 产品落地推进全流程梳理 ... 76

  4.2.2 做好项目质量管理的核心：PDCA 循环 ... 77

  4.2.3 做好项目效率管理的核心：Scrum ... 78

  4.2.4 项目管理的重点：沟通 ... 80

4.3 数据收集与分析，持续进行产品迭代 ... 80

本章小结 ... 83

第 5 章 综合案例：从 0 到 1 规划与设计 SaaS 产品 84

5.1 方向 ... 85

5.2 破局点 ... 86

5.3 框架性的产品路径规划 ... 87

5.4 需求的收集及分析 ... 88

5.5 产品架构搭建 ... 90

5.6 页面及功能设计 ... 90

5.7 种子期客户运营 ... 91

本章小结 ... 92

第 2 部分　SaaS 获客、转化、客户成功服务

第 6 章 SaaS 如何搭建获客系统 94

6.1 不同阶段的获客目标 ... 95

	6.2	拆解获客系统	97
	6.3	SaaS 获客全流程的梳理	98
	6.4	不同客户类型的 SaaS 获客思路	98
	本章小结		100

第 7 章 SaaS 如何进行线索拓展 101

	7.1	对客户线索的理解	102
	7.2	客户画像	102
	7.3	线索团队的组建及绩效考量	103
	7.4	获取线索的 3 种方法	104
		7.4.1 内容运营	104
		7.4.2 活动运营	108
		7.4.3 渠道获客	110
	本章小结		111

第 8 章 SaaS 如何进行销售管理 112

	8.1	SaaS 销售的思考框架	113
	8.2	SaaS 销售的模式	113
	8.3	销售团队的目标制定及过程管理	114
	8.4	销售团队的提成设计	115
	8.5	SaaS 销售流程的梳理	116
		8.5.1 梳理销售流程	117
		8.5.2 整理关键环节的做法	118
		8.5.3 坚决复制	123
	8.6	自建团队和发展渠道的选择	123
	8.7	发现、激活、赋能代理商	124
	本章小结		126

第 9 章 SaaS 客户成功服务 127

	9.1	客户成功的定义	128
	9.2	客户交接	128

9.3	新手启动阶段	130
9.4	客户成长阶段	131
9.5	可能流失客户挽回阶段	131
9.6	客户生命周期价值	133
	本章小结	134

第 3 部分　关于战略、商业模式、业务经营的思考

第 10 章　对 SaaS 战略全貌的理解　136
- 10.1　战略的十大学派思想　137
- 10.2　如何找到自己的战略势能　140
- 10.3　坚持战略和制定战略同等重要　141
- 本章小结　141

第 11 章　SaaS 商业模式的梳理　142
- 11.1　为什么要梳理商业模式　143
- 11.2　什么是商业模式　143
- 11.3　认知客户价值　146
- 11.4　创造客户价值　146
- 11.5　传播客户价值　147
- 11.6　交付客户价值　147
- 11.7　创造企业价值　147
- 11.8　价值支撑活动　148
- 11.9　竞争壁垒　149
- 本章小结　150

第 12 章　SaaS 业务经营的相关思考　151
- 12.1　SaaS 业务经营计划的制订　152
- 12.2　SaaS 业务经营的底层逻辑　156
- 12.3　追求营利性增长　157

12.4　SaaS 2.0——服务即服务 158
12.5　SaaS 如何保持可持续性创新 159
12.6　如何搭建一个产业互联网平台 163
12.7　如何提高决策能力 166
12.8　SaaS 创业失败的关键原因 168
本章小结 179

后记　连续创业 5 年的实践与反思 180

绪论　SaaS 概述及机遇

从 1995 年开始算起，国内互联网技术到如今已经发展了近 30 年的时间，过去是 To C 业务互联网化的机会，如今中国各大互联网平台的用户新增速度都在放缓，To C 的流量经济、流量红利已经走到了尽头。

而在企业级 SaaS 赛道（本书所讲内容是关于企业级的 SaaS 的，而非 To C 类业务的 SaaS）正在迎来最大的机遇。我们能看到在近几年的时间里，SaaS 赛道项目的融资金额和融资次数一直排在前面，大量的资金、人才都在涌入 SaaS 赛道。

下面从 4 个方面帮助大家建立对 SaaS 的基本认知。

- 如何理解 SaaS 产品。
- SaaS 产品的分类。
- SaaS 产品发展的重要阶段。
- SaaS 产品的机遇。

1. 如何理解 SaaS 产品

SaaS 是 Software-as-a-Service（软件即服务）的简称。SaaS 服务商提供了搭建软件所需要的所有网络基础设施，并负责软件的实施、后期的维护等工作。

企业不需要购买软件和硬件、建设机房、招聘 IT 人员等，只需要花租赁费用，即可通过互联网使用软件。

对大多数企业来讲，通过租赁 SaaS 产品的方式来解决企业数字化问题是最好的选择。SaaS 产品已经成为软件产业的一个重要力量。只要 SaaS 产品的稳定性和可信度能继续得到证实，它就会越来越受到市场的欢迎。

下面通过一个类比来理解 SaaS 产品。很久以前，人们为了解决用水问题，每家都要自己挖井，后期井水的维护、管理都是以家庭为单位来负责的。随着时代的发展，现在人们的用水问题简单了很多——每个家庭只需按时缴费，打开水龙头即可。井变成了集中供应水池，集中供应水池的开发、维护、管理都由水供应商统一负责。这样做的好处就是，人们用水方便了很多，既省钱又避免了很多麻烦，不用再为后面的维护、升级而烦恼，还给水供应商创造了生意机会，让水供应商有盈利空间和其他新的发展空间。

同理，在 SaaS 软件生态中，购买 SaaS 软件的企业可以按需、按年付费，软件的维护、升级等事宜也不用企业负责，而是由 SaaS 服务商负责，既省钱又避免了很多麻烦。而对 SaaS 服务商来讲，通过产品模式的创新，给自己找到了商业的新空间、发展的新空间，实现了行业、客户、SaaS 服务商多方共赢。

2. SaaS 产品的分类

目前，中国市场上存在的 SaaS 服务商有很多，如何对这些 SaaS 服务商建立基本的认知呢？我们可以采用分类的方法来理解已有的 SaaS 服务商的业务。

目前，在 SaaS 产品领域，主流的分类有以下两种。

1）业务垂直型 SaaS 产品、行业垂直型 SaaS 产品

业务垂直型 SaaS 产品可以这样理解，它要解决的问题是聚焦于某个业务的；也可以这样理解，它要解决的问题是客户企业价值链的某个环节问题，但客户可以来自多个行业。

例如，在制造行业，研究开发—采购—制造—营销—销售—服务这 6 个部分都分别属于企业价值链的某个环节；在广告行业，购买媒体—开发客户—产品企划书—企划销售—广告制作—实施、评论这 6 个部分也分别属于企业价值链的某个环节。

SaaS 服务商先把客户公司价值链的某个环节或者多个环节单独提取出来，给出相应的 SaaS 产品解决方案，然后将 SaaS 产品解决方案用于多个类似的行业，

这样的SaaS产品就是业务垂直型SaaS产品。目前，比较通用的业务垂直型SaaS产品解决的业务问题主要有CRM（Customer Relationship Management，客户关系管理）、人力资源、ERP（Enterprise Resource Planning，企业资源计划）、推广营销、财税、OA（Office Automation，办公自动化）等。

例如，市场上品牌知名度比较高的SaaS产品有销售易、纷享销客、微伴助手等，它们就聚焦于CRM这个垂直业务场景，同时又可以应用于多个行业。

行业垂直型SaaS产品要解决的问题是与某个垂直行业相关的问题，如零售、餐饮、旅游、教育、医疗、物流等垂直行业。

在解决行业垂直型问题时，我们可以利用以下两个框架来思考：行业产业链+企业价值链。

通过思考行业产业链，我们可以清楚地知道企业要解决产业链中哪个经营主体的业务问题。在知道要解决哪个经营主体的业务问题后，我们接下来要思考的是要解决经营主体哪个或者哪几个价值链环节的问题。

例如，2017年，笔者所在团队在创业时做的第一个SaaS项目是针对旅游行业的，于是笔者所在团队进行了行业产业链分析。整个旅游产业链大概可以分为4个环节：上游供应商（包括景区、酒店等）—渠道商—媒介和营销平台—用户。

通过分析、评估，笔者所在团队决定帮助经营主体——景区解决业务相关问题。接着，笔者所在团队进一步思考需要帮助景区解决什么业务问题，这时就要梳理出景区的价值链包括哪些环节。经过梳理，笔者所在团队得出景区的价值链大概包括生产、营销、销售、服务、人力资源管理、财务管理等环节。

通过各种分析，笔者所在团队决定帮助景区解决营销、销售和服务环节的问题，并最终设计出相应的SaaS产品。

目前，做得不错的行业垂直型SaaS产品有建筑行业的小库科技、农业行业的菜小秘、餐饮行业的客如云等。

2）工具型SaaS产品、商业型SaaS产品

工具型SaaS产品比较好理解，它是一个工具，帮助服务的客户降本增效，如解决财税业务问题的惠算账、解决协同办公业务问题的钉钉。

商业型SaaS产品也称"营销、销售一体化"产品。这类产品要解决的问题是，通过给商家提供面向终端用户的"营销、销售一体化"系统+代运营服务，开启私

域流量运营，帮助商家实现引流、转化、成交、留存、复购和裂变的用户全生命周期闭环，最终帮助商家提高收入。

起初对商业型 SaaS 产品有需求的商家主要来源于电商、零售行业（这些行业的产品价格低、消费频率高，最适合做私域流量运营）。随着线下获客成本高、获客难、商业环境变化等因素的影响，商业型 SaaS 产品的服务行业将会从电商、零售行业逐步发展到餐饮、旅游、教育等各垂直行业。

目前，市场上品牌知名度比较高的商业型 SaaS 产品有微盟、有赞等。

3. SaaS 产品发展的重要阶段

在中国，SaaS 产品的发展大概经历了以下 4 个重要阶段。

（1）在 2005 年前后，由于受国外厂商的启发，此阶段的产品以模仿外国产品为主，厂商主要是跨国企业。国内部分传统厂商从 ASP（Active Server Pages，动态服务器页面）或软件向 SaaS 赛道试水。

（2）在 2010 年前后，SaaS 创业公司的数量逐渐增多，诸多互联网企业进入 SaaS 赛道。部分头部客户企业对 SaaS 产品的概念有所认知，但是对其实用价值、安全性等存在疑虑。

（3）在 2015 年前后，随着技术的不断成熟，部分赛道出现诸多创业公司激烈竞争的局面，技术水平成为核心竞争力。

（4）在 2021 年前后，企业需要更具创新能力、更符合自身业务、更贴近用户需求场景、能够解决核心"痛点"的 SaaS 产品。

根据笔者在 SaaS 赛道的实践及观察，笔者预测，未来几年，随着 SaaS 服务商服务的客户越来越多，会有大量数据的积累，SaaS 服务商会根据自己的数据优势，切入产业链上下游的双边交易市场，创新出各种产品，从而彻底改变整个产业，并助力整个产业的发展。

4. SaaS 产品的机遇

为什么大量的资金、人才都在涌入 SaaS 赛道？其根本原因是大家都看到了这个赛道的机遇，那么机遇来源于哪里？下面总结了国内 SaaS 产品机遇的主要来源。

（1）机遇来源于中、小型企业。在国内已经存在的4000多万家企业中，大多数都是中、小型企业，这些企业中的很多业务问题可以用SaaS产品来解决，而目前还有大量既没有使用传统软件，又没有使用SaaS产品的中、小型企业等着被服务。

（2）大型企业在信息化建设方面存在降低成本的需求，随着SaaS产品性能的不断提升、边界的不断清晰，以及SaaS生态的联合发展，SaaS软件会逐渐抢占传统软件的市场份额。

（3）从产业链中的各个环节去获得新机遇。SaaS产品切入产业链上下游，创新出各种产品，从而彻底改变整个产业，并助力整个产业的发展。

第 1 部分

SaaS 产品整体规划、设计及管理

第 1 章　SaaS 产品战略

> 💡 **本章要点：**
> - 战略的核心：STP。
> - 制定指导方针。
> - SaaS 产品核心价值的梳理与量化。

本书开篇的第 1 章之所以从战略开始讲，是因为一家 SaaS 服务商所做的一系列经营活动都是围绕战略来做的。如果没有战略的指导，那么 SaaS 服务商所做的一系列事情可能没有多大意义。

战略就像一个超级词语，词语是有生命力的，是词语在召唤，是词语在征战。我们只有先找到超级词语的引导，才能推动企业的一系列工作。因此，产品部门的负责人或者相关工作者在着手推进工作的过程中，要先把战略搞清楚。

如果 SaaS 产品处于探索阶段，那么此时产品负责人的核心目标是找到项目的战略目标和破局点，以指导企业的工作。如果 SaaS 产品处于发展阶段和成熟阶段，产品部门的工作就是围绕战略指导方针，做好企业接下来的一系列经营工作。

1.1 战略的核心：STP

STP 是思考战略问题的一种重要方法。S 指的是 Segmentation，即市场细分；T 指的是 Targeting，即目标市场选择；P 指的是 Positioning，即定位。

市场细分是指以一种独特的眼光去审视原有市场中的机会，把它进行有效的切割，分出多个市场来；目标市场的选择是指在切分出来的市场中选出适合自己企业的市场；定位是指企业的产品或服务的独特价值主张，能让企业的产品或服务实现差异化，形成独特的价值竞争。

我们在运用 STP 工具思考战略问题时，可以通过以下 3 步进行梳理。
- 市场细分。
- 目标市场选择。
- 定位。

1.1.1 市场细分

SaaS 赛道是一个大市场，大到足够容纳上万家 SaaS 服务商。由于任何一家服务商都不可能占领所有的市场，因此我们必须对 SaaS 市场进行切割，分出多个市场，之后各 SaaS 服务商在自己的市场中差异化地给客户提供产品或服务。因此，对 SaaS 服务商来讲，好的打法不在于让自己变得十分强大，而在于选择恰当的战场来作战，而市场细分就是选择战场的有力武器。

笔者认为可以按以下 5 个标准进行市场细分。

（1）按地理位置进行市场细分。可能在大家的认知里这不太常见，但它在现实商业场景中是存在的。例如，有的 SaaS 服务商做渠道下沉，做三四线城市的 SaaS 业务。全国各地的省级、市级 SaaS 代理商做的业务也是按地理位置来细分的。

（2）按业务进行市场细分。例如，按 CRM、人力资源、ERP、推广营销、财税、OA 等业务来进行市场细分。

（3）按行业进行市场细分。例如，按零售、餐饮、旅游、教育、医疗、物流等行业进行市场细分。

（4）按客户类型进行市场细分，即按 SaaS 服务商服务的客户是大型客户、中型客户还是小型客户进行市场细分。

（5）按产品类型（工具型、商业型）进行市场细分，即 SaaS 服务商想做或正在做的 SaaS 产品是工具型 SaaS 产品还是商业型 SaaS 产品。

1.1.2　目标市场选择

SaaS 服务商在对市场进行细分以后，接下来就要选择一个适合自己的战场（目标市场）去战斗。如何选择目标市场？SaaS 服务商可以从以下 6 个维度进行综合评估。

（1）市场增长率。如果细分市场的市场增长率高，它就是值得考虑的市场；如果细分市场的市场增长率低，甚至为负数，SaaS 服务商就要慎重考虑了。

（2）市场规模。这个维度的考虑特别重要，如果市场规模较小，就有可能自己的业务还没跑出来，市场空间就没有了。如果 SaaS 服务商选择的是一个市场规模较大的市场，那么其中的 SaaS 服务商也会很多，这对 SaaS 服务商的资金能力、组织能力等的要求都会很高。

（3）获利性。这是任何一个生意都会考虑的维度，如果不赚钱或者亏钱，那么显然这样的市场选择是有问题的（除非本身做的产品就不考虑赚钱问题，而是战略性布局的需要）。因此，很多 SaaS 服务商都想为中型客户和大型客户（包括 To G 客户）服务，因为获利性稳定且获利空间相较于服务小型客户更大。

（4）竞争对手。有竞争对手是正常的，如果没有竞争对手，那么很有可能业务本身是一个伪需求，没有市场。SaaS 服务商除了要看竞争对手的数量，还要关注竞争对手的实力，以及主要要解决的业务问题。如果竞争对手多且强，你的产品又没有突出差异化的点，就要慎重考虑了；如果既有差异化，自己的实力又更强，就可以考虑选择这个市场。

（5）竞争激烈程度。从 To C 的百团大战、O2O（Online to Offline，线上到线下）大战业务中我们可以看到，在一个竞争激烈的市场中，能够胜出的往往是头部企业，其他企业往往都以失败或转型告终。因此，如果你处于一个竞争非常激烈的赛道，而你的实力不及头部企业，那么转型是最好的选择。

（6）赛道的垄断概率。从终局倒推来看，笔者认为，大多数 SaaS 业务领域呈现百花齐放的局面，而不是一家独大的局面。因为 SaaS 业务的产品研发、实施、培训、客户成功服务都是周期较长的业务，SaaS 服务商在推出产品后，想要占领市场，需要很长的时间，这就给竞争对手留出了时间去占领其他空白的市场。

SaaS 服务商可以通过以上 6 个维度的综合评估，选择一个适合自己的市场去开拓、耕耘。

1.1.3　定位

在 To C 业务中，定位的核心是利用客户原有心智中的概念或与原有概念相关的概念去创造新概念，有效地占领客户心智，而不是去创造新奇或者与众不同的东西。

在 SaaS 业务中，核心思想也类似，要突出自己业务的差异化：给客户提供的独特价值主张是什么？为哪些客户提供什么样的产品或服务？帮助客户解决了什么问题？为客户创造了哪些价值（1.3 节会详细介绍）？

1.2　制定指导方针

1.1 节介绍了如何使用 STP 工具来进行战略梳理，本节介绍另一个进行战略梳理的思路。在日常的战略梳理中，这两个思路都可以被用来检验、推演、梳理自己业务的战略问题。

本节介绍的梳理战略的大概思路：分析当前形势，制定指导方针来应对重大问题，并设计一系列连贯性活动。这句话中有 4 个关键点：分析当前形势、重大问题、指导方针、一系列连贯性活动。我们可以通过这 4 个关键点逐次梳理战略。

1.2.1　分析当前形势

在分析当前形势时，我们需要分析什么呢？以下几个分析框架可供参考。

1. PEST 分析

PEST 分别代表 Political（政治）、Economic（经济）、Social（社会）、Technological

（技术）。

（1）政治，讲的是国家想让你干什么，这些文件和制度体现了国家的意志，而国家的意志就是政策红利。SaaS 服务商认真研究自己所在的行业会发现国家提得最多的是什么，就会发现政策红利在哪里，就会对自己做的事有信心。不同行业的政策红利不同，在不同的时间段，政策红利也有所不同。SaaS 服务商在做垂直行业切入时，可以从这些政策红利行业切入。

（2）经济，讲的是我们看到"在经济的海洋里，哪里在潮起，哪里在潮落"。通过一些相关的信息，我们可以发现大量的资金、人才在涌入哪些赛道，那么这些赛道就是潮起的地方；资金、人才越来越少的地方就是潮落的地方。

（3）社会，讲的是人民群众的收入分布与生活水平、消费升级、大健康等。

（4）技术，讲的是有什么新技术可以应用。目前的新技术有互联网、移动互联网、新能源、大数据、人工智能、物联网等。很多通用型、垂直型 SaaS 产品，如解决农业信息化、零售信息化、工作信息化、大数据服务等的 SaaS 产品，本质上都是在运用大数据、人工智能、云计算等技术推动各行业的发展。

通过 PEST 分析可以搞清楚为什么 SaaS 赛道会有大量的资金、人才涌入。因为：在政治方面，国家提出供给侧结构性改革；在经济方面，目前供给过剩，竞争激烈，传统企业的竞争力需要提升；在社会方面，新消费需求越来越强烈；在技术方面，目前有大量的技术可以用于助力传统企业经营升级。因此，我们只有从宏观上分析政治、经济、社会、技术，才能更清楚地判断未来在哪里，以及我们应该朝什么地方走。

2. SWOT 分析

SWOT 分别代表 Strength（优势）、Weakness（劣势）、Opportunity（机会）、Threat（威胁）。

（1）优势。我们需要清楚地分析出自己的优势在哪里、团队的优势在哪里、企业的业务优势在哪里。

（2）劣势。同理，我们需要清楚地分析出自己的劣势在哪里、团队的劣势在哪里、企业的业务劣势在哪里。

（3）机会。我们需要知道在整个大市场中，在产业链的哪个位置有机会、哪个机会可能属于自己。

（4）威胁。我们需要知道企业的业务会遇到市场上的哪些威胁。

通过 SWOT 分析可以充分发现机会在哪里，并大概评估出自己和竞争对手之间的实力差距。这样，我们就能做到心中有数，判断这个业务该不该做。

正如《孙子兵法》中所讲："先胜而后求战"，即要先分析能否取得一场战争的胜利，有胜算才去打仗，没有胜算就不打仗。

3. 3C 分析

3C 分别代表 Company（自身分析）、Competitor（竞争对手分析）和 Customer（市场和客户分析）。

（1）自身分析要分析自身的技术能力、产品能力、市场能力、销售能力、客户成功服务能力、品牌能力、组织能力、财务能力等。

（2）竞争对手分析要分析竞争对手的市场占有率、战略、商业模式、产品结构、销售能力、财务能力等。

（3）市场和客户分析要分析市场规模、未来增长趋势、客户需求等。

3C 分析模型是绝大多数 SaaS 业务或项目在整个生命周期都会用于进行业务分析的一个重要工具。在分析当前形势时，我们只有认真收集信息并让多人参与且客观地分析，才能得出结论。结果一定是利用 3C 分析综合评估之后得出的，而不是由某个因素的评估得出的。

1.2.2 重大问题

为什么在制定指导方针之前要先发现问题？因为战略是指导行动的，行动是为了解决问题的，所以问题要在前。那么，我们要发现什么样的问题呢？

SaaS 服务商的问题有很多，如找不到客户"痛点"；产品不能满足客户的需求；虽然产品能满足客户的需求，但客户不愿意付费；找不到可复制的销售模式等。这些问题的原点都是想帮助客户解决问题，并获得一定的利润。

因此，我们需要发现的根本问题就是客户的问题。如何发现客户的问题？本书的 1.3 节将介绍这些内容（当然，其他问题也很重要，也需要我们去发现并找到相应的解决方案）。

在发现客户问题以后，我们就需要进行业务定位了。

1.2.3 指导方针

指导方针可以被看成企业的定位、业务价值主张，即企业的业务通过什么解决方案替谁解决什么问题。

例如，某 SaaS 服务商的战略定位是通过软件+硬件+代运营服务助力餐饮企业的业绩增长。这个定位包括以下内容。

- 替谁：餐饮企业。
- 解决什么问题：餐饮企业的业绩增长。
- 通过什么方案：硬件+软件+代运营服务。

又如，某智慧旅游综合服务商的战略定位是通过综合管理系统（包括智慧运营、智慧营销、智慧管理、智慧服务四大方面），提供智慧旅游整体解决方案。这个定位包括以下内容。

- 替谁：景区。
- 解决什么问题：智慧旅游整体解决方案。
- 通过什么方案：综合管理系统（包括智慧运营、智慧营销、智慧管理、智慧服务四大方面）。

在制定指导方针以后，我们就需要设计一系列连贯性活动了。

1.2.4 一系列连贯性活动

一系列连贯性活动包括产品设计、市场推广、销售线索转化、客户成功服务、服务组织搭建等。

在根据业务定位确定要解决客户的什么问题以后，产品部门要设计出产品来解决客户的问题；在产品设计出来且通过验证被证明能解决客户的问题以后，市场部门要进行市场推广，获取销售线索；在市场部门获取销售线索以后，销售部门要进行客户销售线索转化；在客户付费转化成功以后，客户成功服务部门要提供客户成功服务，助力客户成功；为了支撑以上部门的正常运作，企业需搭建服务组织。针对以上一系列连贯性活动，企业需要根据战略的指导，通过 PDCA[计划（Plan）—执行（Do）—检查（Check）—处理（Act）]的闭环思路，不断对各战术进行调整、实施和优化，最终高效率地实现战略目标。

1.3　SaaS 产品核心价值的梳理与量化

在刚开始创业时，有的创业者先拥有一个想法，然后开发出一款产品，最后寻找客户；有的创业者先进入一个市场，找到客户，然后去发现客户有什么问题，最后利用自己的资源与能力设计产品；有的创业者一开始进入市场就想解决某类问题，之后把某种解决方案推向全行业……结果在经营过程中遇到很多问题，如产品不好卖、市场推广难、不盈利等。但这些问题的根本原因是产品没价值，没有解决客户的根本问题。

客户购买 SaaS 产品是为了让自己完成业务目标，所以找到客户的业务问题，并给出合适的 SaaS 产品解决方案才是正道。

那么，如何才能从底层逻辑上创造出一款有价值的 SaaS 产品？我们可以从 4 个维度来综合考虑。

1. 解决某个业务问题

企业客户购买 SaaS 产品是为了解决企业经营过程中的业务问题，所以创造有价值的产品的第一步是想清楚要解决客户的哪个业务问题。

要解决的业务问题主要有 CRM、人力资源、ERP、推广营销、财税、OA 等。这几类还可以往下拆解，如 CRM 可以拆解为解决销售问题的 CRM、解决营销问题的 CRM、解决客户服务问题的 CRM。

2. 完成业务目标

帮助客户解决业务问题的根本目的是帮助客户完成业务目标。客户的业务目标来源于落差，落差主要有 3 种。

（1）现在与未来之间的落差。例如，客户今年的年利润是 1 亿元，希望明年的年利润达到 2 亿元，这样今年和明年的年利润之间就有了 1 亿元的落差，于是增加 1 亿元年利润就是客户的业务目标。

（2）过去与现在之间的落差。例如，客户去年的年利润是 1000 万元，今年的年利润是 500 万元，这样今年和去年的年利润之间就有了 500 万元的落差，在明年把今年减少的 500 万元年利润赚回来就是客户的业务目标。

（3）客户现在的状态还行，但是不采取措施，未来可能会出现问题，这也是落差的来源。例如，一些行业对云安全、网络安全、数据安全的需求度高，如果现在不解决，未来可能会出现严重的问题，那么此时预防未来的安全问题就是客户的业务目标。

下面举一个通过落差来找到客户目标的案例。很多年前，一家服装电商企业的经营一帆风顺，其营业额和利润都比较可观。近几年，互联网流量红利开始进入尾声，想要通过互联网获得与之前相同的销售额，就需要投入更多的成本，这时私域流量运营的经营模式出现了，它可以用较低的成本把产品卖出去。于是，这家服装电商企业开始进行私域流量运营，并制定了一个目标——通过私域流量运营，每年卖出价值1000万元的服装。因此，通过私域流量运营，每年卖出去价值1000万元的服装就是这家服装电商企业的业务目标。

3．给出最优的解决方案

在找到客户的业务目标后，我们需要考虑如何帮客户完成其业务目标。一般情况下，客户有以下3种类型的方案可以选择。

（1）客户已有的传统解决方案。

（2）我们的竞争对手给出的解决方案。

（3）我们给出的解决方案。

因此，我们应该给出最优的解决方案，让客户选择我们的方案。

4．量化衡量

一款SaaS产品到底有没有价值，不是由SaaS服务商定性地说能为客户解决什么问题而决定的。一款好的SaaS产品能给客户带来的价值是可以量化的。如果SaaS服务商不能量化自己的SaaS产品可以给客户带来的价值，就很难说服客户购买其SaaS产品。

笔者在创业时所做的第一款SaaS产品就遇到了价值量化的问题。起初，笔者并没有量化这款产品给客户带来的价值，但在运营过程中发现这款产品给客户带来的价值并不大，客户得到的价值小于其付出的成本（购买软件的成本、学习成本、使用成本等），也就是说，客户的传统解决方案比我们提供的方案更好。

笔者在创业时所做的第二款SaaS产品也遇到了价值量化的问题。在完成MVP（Minimum Viable Product，最小可行性产品）后，我们开始将产品推向市场去销售，得到的反馈是能否衡量哪部分价值是由我们带来的。如果能衡量，客户就愿意为我们带来的那部分价值付费；如果不能衡量，客户就不愿意使用我们的产品。

目前，我国已经有好几家 SaaS 服务商是按给客户带来的量化价值收费的。SaaS 产品按价值量化的结果收费将是一个很好的生意模式，也更容易切入市场，服务大量的中、小型企业。

本章小结

本章重点介绍了以下内容。

- 做 SaaS 战略梳理的两个重要梳理思路：STP、制定指导方针。
- 一款好的 SaaS 产品一定是可以解决客户某个具体业务问题的产品，且给客户带来的价值可以量化。

由于战略是一个复杂、体系化的系统工程，因此本书第 3 章还会展开来讲。

第 2 章　SaaS 产品规划

> 💡 **本章要点：**
> - 需求的类型。
> - 需求收集。
> - 需求分析。
> - 需求管理。
> - 产品架构搭建。
> - 产品年度规划。
> - 不同生命周期的产品重点的把握。
>
> 在梳理清楚 SaaS 产品战略并制定好指导方针以后，我们就要进入 SaaS 产品规划环节了。
>
> 本章会从需求收集、需求分析、需求管理、产品架构搭建、产品年度规划等维度依次讲解 SaaS 产品规划的内容。

2.1 需求的类型

"需求"一词可能是 SaaS 产品经理或者创业者在日常工作中听到和说过的频次较高的词。举例如下。

（1）小明是一名 SaaS 产品经理，他所在公司的主营业务是企业服务。领导告诉他，公司的产品要解决的业务问题是帮助中、小型餐饮企业解决与引流、转化、私域流量运营等相关的问题，最终助力中、小型餐饮企业实现业绩增长。

（2）有一天，小明外出调研需求，在和餐饮门店经理沟通业务问题的过程中，餐饮门店经理表示希望在消费者进入商城以后，他们可以增加商品曝光的次数，以提高消费者的购买转化率。

（3）小明和餐饮门店经理沟通完需求以后，对需求进行了梳理和进一步拆解，最终认为可以在商品详情页、支付成功页、订单页面等相关页面增加智能推送合适商品的页面。

以上提到的 3 点都属于需求吗？是的，但是它们分别属于 3 种不同类型的需求，即战略需求、用户需求和产品需求。"公司的产品要解决的业务问题是帮助中、小型餐饮企业解决与引流、转化、私域流量运营等相关的问题，最终助力中、小型餐饮企业实现业绩增长"属于战略需求；"餐饮门店经理希望在消费者进入商城以后，他们可以增加商品曝光的次数，以提高消费者的购买转化率"属于用户需求；"在商品详情页、支付成功页、订单页面等相关页面增加智能推送合适商品的页面"属于产品需求。

1. 战略需求

战略需求是指产品系统的北极星指标，即设计、开发产品的目标。战略需求是产品设计和开发的原点，也是指导产品设计和开发的最高层次需求。

如何发现战略需求？我们可以利用第 1 章介绍的 STP、制定指导方针等方法来发现战略需求。

2. 用户需求

用户需求是在战略需求指导的基础上由用户提出的希望使用产品完成指定任务的需求。通常来讲，用户需求需要我们通过各种方式主动去收集。收集用户需求的方法有很多，2.2节会介绍相关内容。

我们收集到的用户需求可能来自不同部门、不同角色、不同颗粒度且是零散的，因此我们需要对需求进行整合、分析、归类。

3．产品需求

产品需求主要分为两种：功能性需求和非功能性需求。

1）功能性需求

功能性需求的梳理思路如图2-1所示，这也是本书的一个重点内容。

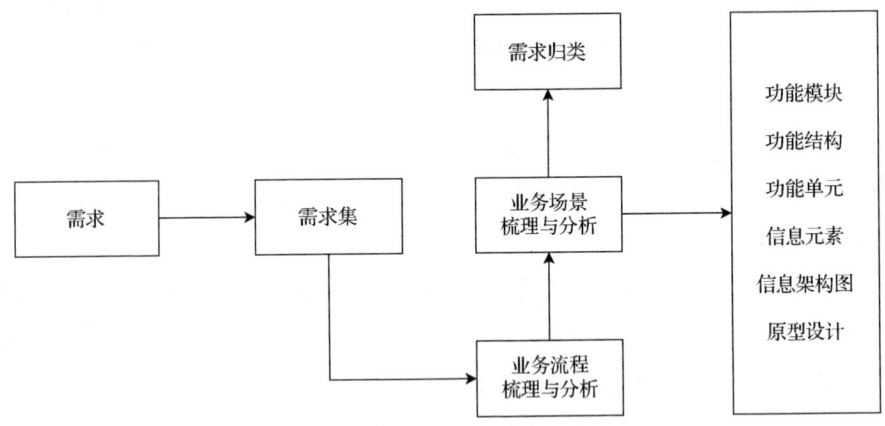

图2-1　功能性需求的梳理思路

首先，我们需要把收集到的用户需求合在一起形成需求集；然后，根据业务流程梳理与分析、业务场景梳理与分析，把需求归类到不同类别的需求集中。

根据需求形成功能模块，完成功能结构的搭建；根据搭建好的功能结构，拆分功能单元；根据拆分的功能单元，拆解出功能单元包含的信息元素；将信息元素汇集起来，形成信息架构图，就可以进入原型设计阶段了。

2）非功能性需求

一般情况下，很多产品经理容易忽略产品的非功能性需求，但是要想打造出一款吸引人的产品，非功能性需求是我们要特别注意的点。

非功能性需求是一个系统的特征，收集非功能性需求的方法是通过访谈了解客户对系统的期望。

非功能性需求清单如图2-2所示。该清单来自国际标准组织的ISO/IEC 25010：

2010《软件质量模型》。

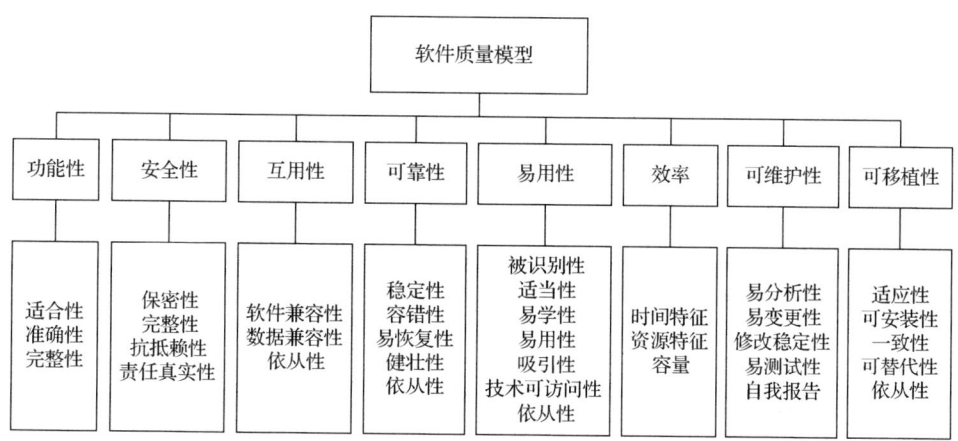

图 2-2 非功能性需求清单

当然，并不是说所有的软件都要有图 2-2 中的所有非功能性需求，图 2-2 只是作为一个参考，我们还需根据各软件的具体需要来确定非功能性需求。

通过对以上 3 种需求的整体理解与运用，SaaS 产品经理或者创业者可以在收集需求、分析需求、听到与需求相关的各种概念及进行产品设计时，做到心中有数，不慌不乱，高效产出结果。

2.2 需求收集

SaaS 产品设计的基础是需求，没有需求，就不会有后面的所有经营活动。下面从需求收集开始讲。关于需求收集，本节主要介绍两点：需求收集的方法和需求收集的内容。

2.2.1 需求收集的方法

需求收集的方法有很多，常用的有以下几种。

（1）通过关键用户访谈的方式收集需求。找到标杆客户，访谈标杆客户的一线工作人员、部门负责人、高管等相关角色，访谈用户的工作流、用户的关注点、用户希望使用软件来解决什么问题等。

（2）通过用户调查的方式收集需求。当产品服务的企业、角色过多时，我们通常不可能与每家服务的企业都面对面地进行用户访谈，这时可以通过用户调查的方式去收集需求。

（3）通过观察的方式收集需求。产品经理可以入驻客户企业，深入客户企业一线去当学徒，通过参与实际操作和观察来收集需求。

（4）通过会议沟通的方式收集需求。我们可以和部门相关人员、各部门负责人及高管进行会议沟通，通过沟通收集完整的需求并确定需求。

（5）通过可行性测试分析收集需求。对于有的需求，用户可能并不知道自己有这个需求，这时我们可以做一个 MVP 测试分析。

（6）通过竞品分析的方式收集需求。通过分析行业的领先者或者潜在的竞争对手，来分析与自己的产品形态相似的产品。在竞品分析中，我们可以通过分析竞品的功能结构、信息架构、业务流程、业务场景、用户群体细分等来收集需求。

一般情况下，在上述 6 种方法中，（1）（3）（6）的方法最常用。

需要注意的是，我们在进行用户访谈时，用户有时可能会提出一个解决方案式的需求，这时我们需要引导用户阐述清楚要解决什么业务问题，以及为什么有这个需求。

我们要自信，能选择最优解决方案的是我们（产品经理），被访谈的用户代表需要做的是把问题说清楚。

因此，在收集需求时，我们只有经常问为什么，才能找到真正的用户需求。例如，有一家做电商 SaaS 的公司，其产品经理在进行用户访谈的过程中，用户告诉产品经理，他想要在消费者下单支付成功的页面推荐近期销量不错的商品。新手产品经理可能会把这个需求画出来并交给技术人员去开发相应的产品。然而，资深的产品经理面对这个解决方案式的需求会进一步向用户提问：为什么要这样做？想解决什么问题？用户可能会回答：这样做可以增加商品曝光的次数，以提高消费者的购买转化率。事实上，这才是用户的真实需求，围绕此需求，产品经理才能给出更合适的解决方案。

2.2.2 需求收集的内容

B 端需求的收集与 C 端的思路不同，关注点也不同。

由于 C 端产品考虑的是拥有相同需求的个体，因此在收集需求时维度相对单一。而 B 端产品要考虑的是整个组织中与系统相关的角色，以及角色之间不同的需求，因此在收集需求时维度要丰富一些。

下面整理了需求收集的维度，如表 2-1 所示。

表 2-1 需求收集的维度

客户画像	调研角色	核心关注点	工作职责	核心工作流	相关度	影响度
企业的规模、业务范围、往年的营收情况、服务的用户数、目前的数字化程度	角色 A	角色的业务目标或者 KPI	主要负责的工作内容	工作任务 A—工作任务 B—工作任务 C	中	高
	角色 B					
	角色 C					
	角色 D					

表 2-1 共包含 7 个维度，分别为客户画像、调研角色、核心关注点、工作职责、核心工作流、相关度、影响度。

（1）客户画像。客户和用户是两个不同的概念，客户是指 SaaS 服务商要服务的企业，把企业作为一个整体来理解。用户是指要服务的企业中的相关角色，是不同的个体。

客户画像维度需要收集的信息有企业的规模、业务范围（企业的用户是谁、企业为用户提供了什么产品或者服务）、往年的营收情况、服务的用户数（这对商业型 SaaS 产品来说特别重要）、目前的数字化程度。

（2）调研角色。我们需要把与 SaaS 产品相关的调研角色都梳理出来，只有把角色都弄清楚了，才能从根本上保证 SaaS 产品被开发出来后能实现客户业务运作的闭环。漏掉其中任何一个角色，都有可能影响客户业务运作闭环的实现，导致 SaaS 产品用不起来。

（3）核心关注点。核心关注点即角色的业务目标或者 KPI（Key Performance Indicator，关键绩效指标）。SaaS 产品的终极目标是帮助企业完成其业务目标。把企业的业务目标拆解成子目标，这些子目标就会落到企业每个员工的身上，企业的每个员工都会有自己的业务目标或者KPI。

（4）工作职责。工作职责比较容易调研，通过调研用户主要负责的工作内容，就能搞清楚工作职责。

（5）核心工作流。员工为了完成自己的业务目标或者KPI，在日常工作中会形成自己的工作流程，我们需要将员工的工作流程梳理出来。

（6）相关度。在将SaaS产品落地到一家企业的过程中，有的用户对SaaS产品的使用频率非常高，涉及的工作流程也比较多，这样的角色与SaaS产品的相关度为高；有的用户对SaaS产品的使用频率中等，涉及的工作流程不多不少，那么这样的角色与SaaS产品的相关度为中；有的用户对SaaS产品的使用频率低，涉及的工作流程也较少，那么这样的角色与SaaS产品的相关度为低。

（7）影响度。不同角色对购买决策的影响程度也有高、中、低之分，一般情况下，岗位层级越高，对购买决策的影响程度就越高，反之则越低。

下面以案例形式介绍如何通过以上7个维度对客户进行深度调研，从而收集需求。笔者曾做过一个乡村民宿的住宿预订SaaS系统，从以上7个维度调研了一个标杆客户，得到的结果如下。

第一个维度，客户画像。这是一家位于北京某乡村的民宿门店，可预订的房间有20间，主要面向的人群是市区的白领和亲子家庭，客房的客单价在2000元左右，年营收在100万元左右，业务的淡旺季很明显，目前OTA（Online Travel Agency，在线旅游）渠道只是简单地上传了一些房型图，没有进行深度运营，也没有建立自有私域流量，流量来源是自然流量和主动找上门来的商务合作引流。

第二个维度，调研角色。在整个民宿门店中，需要调研的角色有老板、经理、前台、游客。在这些角色中，最容易被忽略的就是游客，但是游客是重要角色之一，因为住宿预订SaaS系统的主要用户之一就是游客，如果没有游客发起住宿预订，这个系统就不能形成业务闭环。

第三个维度，核心关注点。老板的目标是降本增效；经理的业务目标是提高门店的收入；前台的业务目标是完成游客的接待及退房工作；游客的目标是能查看房间的相关信息及进行预订。

第四个维度，工作职责。老板的工作职责是对资金进行管理；经理的工作职责是管理房间及处理游客预订房间的订单；前台的工作职责是接待游客，为游客办理入住、退房手续；游客的任务是预订房间。

第五个维度，核心工作流。老板的工作流：查看数据—财务对账—提现；经理的工作流：发布房型图—处理订单；前台的工作流：为游客办理入住手续—为游客办理退房手续；游客的工作流：查看房间信息—预订房间—入住—退房。

第六个维度，相关度。老板的相关度为中；经理的相关度为高；前台的相关度为高；游客的相关度为高。

第七个维度，影响度。老板的影响度为高，经理的影响度为中，前台的影响度为低，游客的影响度为低。

通过7个维度的梳理，笔者得到了一张完整的需求调研表，如表2-2所示。

表2-2 完整的需求调研表

客户画像	调研角色	核心关注点	工作职责	核心工作流	相关度	影响度
一家位于北京某乡村的民宿门店，可预订的房间有20间，主要面向的人群是市区的白领和亲子家庭，客房的客单价在2000元左右，年营收在100万元左右，业务的淡旺季很明显，目前OTA渠道只是简单地上传了一些房型图，没有进行深度运营，也没有建立自有私域流量，流量来源是自然流量和主动找上门来的商务合作引流	老板	降本增效	对资金进行管理	查看数据—财务对账—提现	中	高
	经理	提高门店的收入	管理房间及处理游客预订房间的订单	发布房型图—处理订单	高	中
	前台	完成游客的接待及退房工作	接待游客，为游客办理入住、退房手续	为游客办理入住手续—为游客办理退房手续	高	低
	游客	查看房间的相关信息及进行预订	预订房间	查看房间信息—预订房间—入住—退房	高	低

2.3 需求分析

在完成需求收集后,我们需要把这些需求转换为产品需求,并进行产品设计。不过,在把需求转换为产品需求之前,有一个重要的过程——需求分析,这个过程不能忽视。

需求分析容易被新手产品经理忽略,或者说需求分析需要解决的问题容易被新手产品经理误解——误以为需求分析的目的是分析产品如何实现用户的需求。然而并不是这样的。实际上,需求分析的目的是业务分析,也就是选择一种以业务为导向的方式将零散的、不同颗粒度的需求串起来,形成一个完整的、内容清晰的框架,以指导后续的产品设计和产品开发工作。

对任何事务的分析,都有相应的分析、思考框架。

对于人力资源分析,我们可以使用人力资源规划、招聘、培训、绩效、薪酬、员工关系思考框架。

对于营销分析,我们可以使用产品、价格、渠道、促销思考框架,以及认知客户价值、创造客户价值、传播客户价值、交付客户价值思考框架。

同理,对于需求分析,我们可以使用业务流程和业务场景两个思考框架。

2.3.1 运用业务流程进行需求分析

业务流程梳理是需求分析的主要手段,它可以帮助产品经理系统性地厘清思路,和相关人员进行沟通并达成共识。

关于业务流程,笔者将从两个方面详细讲解:业务流程定义及要素、业务流程图的绘制。

1. 业务流程的定义及要素

业务流程是指为实现特定的价值目标而由不同的人共同完成一系列的活动。各活动之间不仅有严格的先后顺序限定,活动的内容、方式、责任等也必须有明确的安排和界定,从而使将不同活动在不同岗位间进行交接成为可能。

从业务流程的定义中可以看出业务流程包含如下要素。

（1）角色。业务流程中的第一个基本元素是角色，有了角色，才会有分工和协作，才能实现特定的价值目标。

（2）活动。活动是指具体做的事，每个角色都有具体需要做的事。

（3）协作。在一家企业或者一个组织中，不同的人做不同的事，最终通过协作完成一系列的事，协作方式既有并行，又有串行（也就是可以在同一时间完成，也可以在不同的时间段内完成）。

（4）产出物。每个人有了具体的活动，就会有产出物，从而使将不同活动在不同岗位间进行交接成为可能。

（5）规则。定义中提到的"活动的内容、方式、责任等也必须有明确的安排和界定"讲的就是规则，正所谓"无规矩不成方圆"。

下面以案例形式介绍业务流程包含的 5 个要素。一家做 SaaS 产品的互联网创业企业目前有 4 个部门，即产品部门、营销部门、销售部门和客户成功部门。

产品部门有 A 一个人，营销部门有 B 一个人，销售部门有 C、D 两个人，客户成功部门有 M 一个人。

A 的工作目标是做出一款能帮助客户解决业务问题的产品，所以经常要做需求挖掘、需求分析、需求管理等工作。

B 的工作目标是获取一定量且有效的销售线索，所以经常要做内容运营、活动运营等工作。

C、D 的工作目标是将有效的销售线索进行转化，让客户付费，所以经常要做线下拜访、PPT 演示、签合同等相关工作。

M 的工作目标是助力客户成功，提升客户对产品的使用率，所以经常要做新手培训、客户成功案例分享等工作。

在这个案例中，各部门的相关工作人员就是角色；每个角色具体做的工作就是活动；产品人员（A）做产品，营销人员（B）获取销售线索，销售人员（C、D）进行销售线索转化，客户成功人员（M）做客户成功服务工作，这就是协作；营销部门交付有效的销售线索，销售部门交付已付费客户的信息，有效的销售线索和已付费客户的信息就是交付物；营销部门交付给销售部门的销售线索必须是有效的，销售线索是否有效，会有相应的标准，这就是规则。

2．业务流程图的绘制

按照 UML（Unified Modeling Language，统一建模语言）的标准，业务流程的分类有很多，如顺序图、活动图、时序图等。在日常工作中，我们基本上用两种类型的图就可以把业务流程梳理清楚，它们是部门级流程图和个人级流程图。

部门级流程图即跨部门流程图，它是一种比较复杂的流程图，可以清晰地描述分角色、跨系统的业务流程。

个人级流程图即可以清晰地描述个人为完成某个业务而实施的多个业务步骤的流程。

流程图的基本符号有很多，但我们基本上只需要开始、结束、活动、判断和流程线（连接活动与活动的流程线）这 5 种基本符号就可以绘制流程图，甚至可以再简化，不需要开始和结束两种符号，只需要活动、判断和流程线这 3 种基本符号即可，如图 2-3 所示。

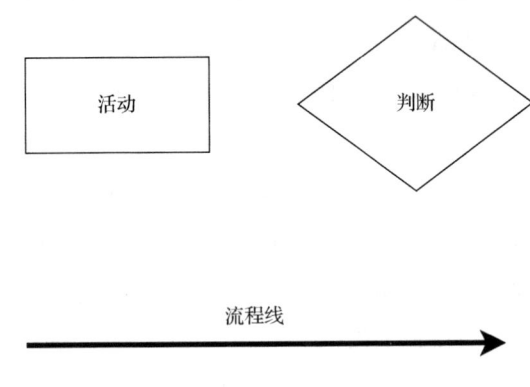

图 2-3　流程图包含的 3 种基本符号

下面通过两个案例介绍流程图的绘制方法。

案例 1 是一个食堂管理的部门级流程图，如图 2-4 所示。

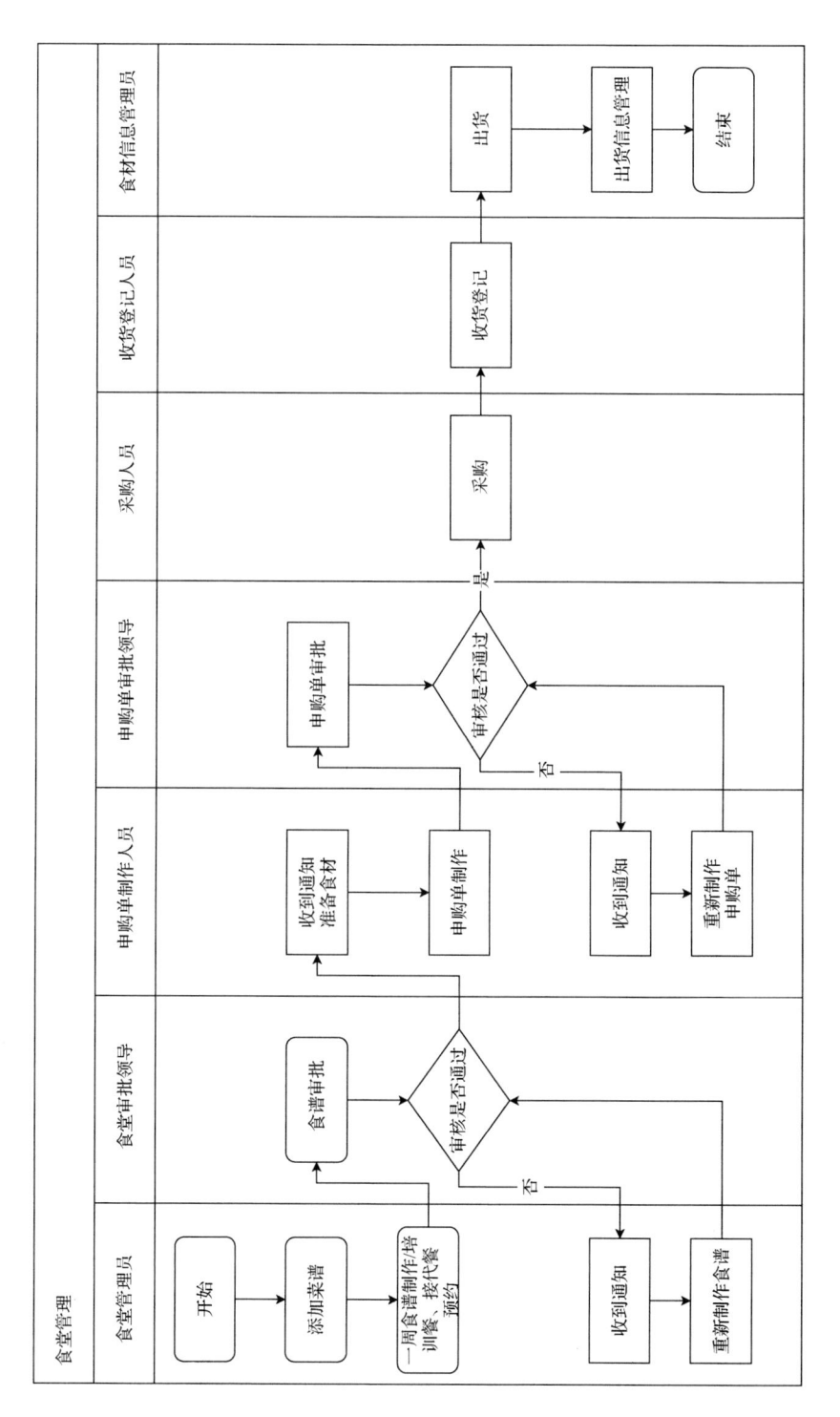

图 2-4 食堂管理的部门级流程图

案例 2 是一个商家注册过程的个人级流程图，如图 2-5 所示。

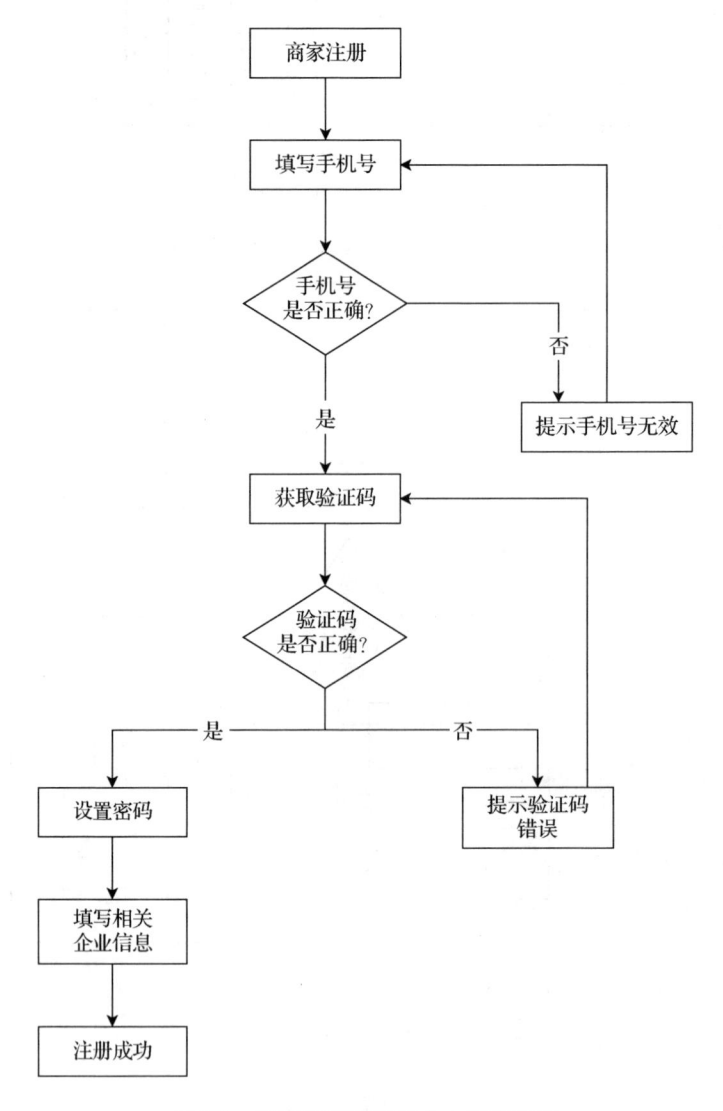

```
商家注册
   ↓
填写手机号 ←──────┐
   ↓              │
手机号         否  │
是否正确? ──→ 提示手机号无效
   │是
   ↓
获取验证码 ←──────┐
   ↓              │
验证码         否  │
是否正确? ──→ 提示验证码错误
   │是
   ↓
设置密码
   ↓
填写相关企业信息
   ↓
注册成功
```

图 2-5　商家注册过程的个人级流程图

关于流程图的补充说明如下。

- 每个流程图都只有一个开始节点，但可以有多个结束节点。
- 活动和流程线是必有符号，判断符号视情况而定，如图 2-4 中只有活动和流程线符号，没有判断符号。

- 在绘制泳道流程图时，需要注意泳道的顺序，以便流程图看起来简单易懂，而不是各种泳道复杂地交叉在一起。

2.3.2 运用业务场景进行需求分析

业务场景梳理是需求分析的重要手段之一。为什么要用业务场景来做需求分析？主要原因有3点。

1．方便沟通

例如，在产品设计完成并进入开发阶段后，技术人员可能会问为什么要开发这个功能、是否可以把几个功能合并成一个功能等问题。

如果你不能回到业务场景，不能从用户使用产品的场景的角度来回答、沟通问题，那么很多时候会造成沟通不顺畅及产品推进受阻的现象。

2．回到原点思考

我们经常讲，产品经理在实际工作中思考的时间往往比画原型图、写文档的时间要多，这也是比较合理的时间分配。

思考什么？需要思考的内容有很多，但其中有一点非常重要，那就是回到场景，回到原点思考，思考用户在什么场景中遇到了什么问题需要解决。

换句话说，业务场景是产品往下设计的原点，如果这项工作没做好，设计出来的产品就可能没有使用价值。

3．全场景思考，做到需求不遗漏

我们在分析场景、寻找需求时，如果不从整体框架去思考，就容易造成需求遗漏，导致产品无法形成闭环。

既然用业务全场景做需求分析这么重要，那么我们应该怎么做呢？我们可以从以下5个方面来思考：场景要素、梳理出尽可能详细的业务流程、基于业务流程梳理出对应的全场景、基于全场景找到对应的用户需求、确定边界。

1）场景要素

作为一名产品经理，我们经常会讲到要还原场景。那么，一个完整的场景应该包含哪些要素呢？不同的资料给出了不同的答案。笔者根据自身的经验认为，用场景七要素就可以清楚还原一个场景。场景七要素如下。

（1）用户，即产品的使用者。用户可以是某个人，也可以是某类人。

（2）环境，可以是时间、空间、地点等约束条件。例如，星期一晚上下班回家的路上、公司的销售办公室内。

（3）时机，即触发用户产生目标的事件或者影响用户行为变化的环境。

（4）目标，即用户产生的目标。

（5）动作，即为了实现目标而采取的一系列行为。

（6）载体，可以是手机、计算机、某宣传栏。

（7）任务。通过一系列动作，完成了任务。

用一句话来总结，场景七要素就是在某个环境中出现了某个时机，某人或某类人带着某个目标，通过某个载体采取一系列的动作，最终完成了任务。

下面以案例形式进行说明。

案例1：某3A景区的经理小王今天早上坐在办公室里，想到最近上新了一套门票系统，想把景区相关门票上传到系统中供游客查看、购买，于是打开计算机进入后台的门票管理模块，添加了门票信息，并进行了提交，完成门票信息的上传。这个案例中有以下信息。

- 小王是用户。
- 今天早上在办公室是环境。
- 最近上新了一套门票系统是时机。
- 把景区相关门票上传到系统中供游客查看、购买是目标。
- 计算机是载体。
- 添加了门票信息是动作。
- 上传门票信息是任务。

以上场景的七要素还可以变成四要素，也就是仅需要4个要素，就能把一个场景描述清楚。这4个要素分别是用户、环境、时机、事件。

用户、环境、时机的相关解释前文已介绍过，事件是指要推动什么样的事情向前发展。也就是说,场景四要素中的事件替代了场景七要素中的目标、动作、载体、任务这 4 个要素。

案例 2:小张是一家家居装修公司的销售人员,星期一早上到公司上班后,进入 CRM 系统后台,看到了线索池里多了一条线索,于是在线索池里领取了这条线索。在这个案例中,看到线索并领取了线索就是事件。

在实际工作中做场景需求分析时,我们可以灵活运用以上提到的场景七要素和场景四要素。

在讲完一个完整的场景应该包含哪些要素之后,接下来的内容都是围绕业务全场景需求应该如何梳理进行的。

2)梳理出尽可能详细的业务流程

讲到业务全场景,就不得不先梳理出主业务流程。因为业务场景是由某岗位独立完成、相对独立、可汇报的业务活动,而业务流程是由不同岗位之间通过协作,满足外部服务请求的过程,所以梳理出完整的业务流程,基本上就覆盖了需求的全部场景。

业务流程梳理有 3 个关键步骤:一听、二问、三确定。

(1)一听是指听客户的介绍,在听的过程中不要打断客户,不要陷入细节,以最简单的方式把主业务流程梳理出来。

(2)二问是指根据主业务流程发问,把相关的异常情况、分支流程、相关规则梳理出来,能放入主业务流程的就放入业务主流程图中,不能放入的可以重新梳理业务流程,或者用文字来描述。

(3)三确定是指最后给相关的客户或者业务专家介绍一遍,做最后的流程确定。

这样,就能梳理出尽可能详细的业务流程。

下面以一家民宿门店的 SaaS 系统为例讲解业务梳理的步骤。

一听:听客户的讲解,梳理出主业务流程,绘制主业务流程图,如图 2-6 所示。

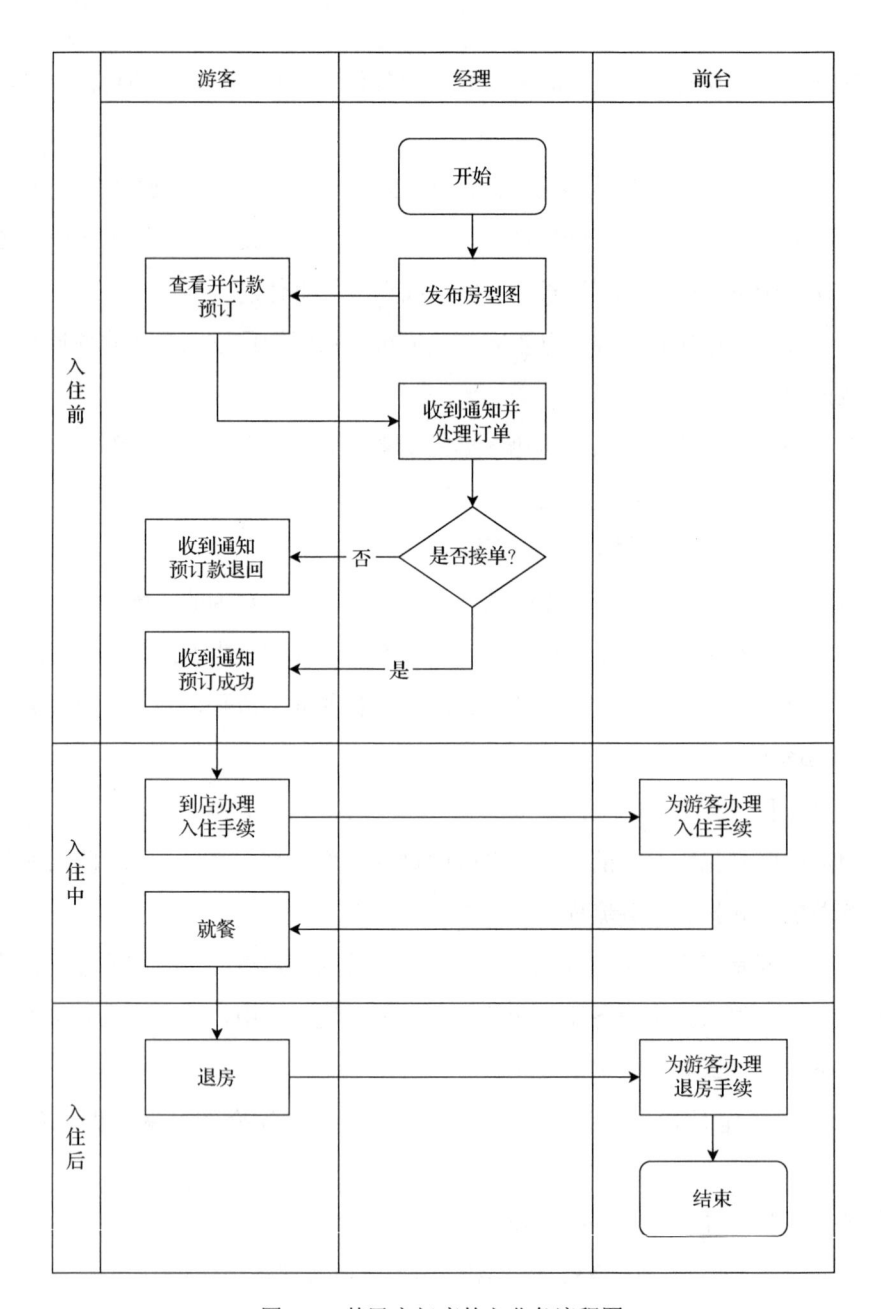

图 2-6　某民宿门店的主业务流程图

二问：根据主业务流程发问，把相关的异常情况、分支流程、相关规则梳理出来，补充进主业务流程图中，如图 2-7 所示。

第 2 章 SaaS 产品规划

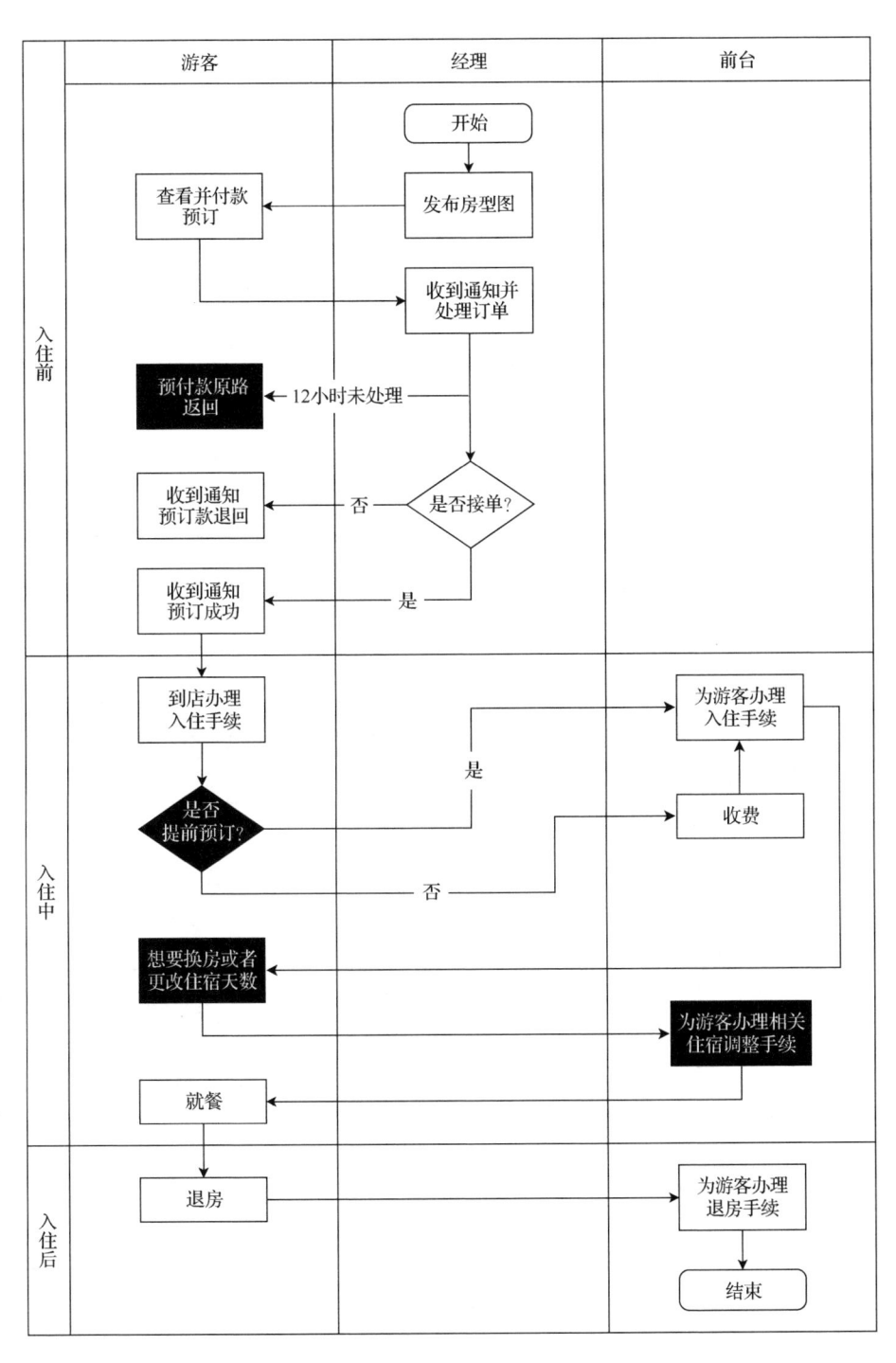

图 2-7 补充相关的异常情况、分支流程、相关规则后某民宿门店的业务流程图

其中，有一个异常情况不便放入主业务流程图中，这里用文字描述：熟客或者经理的朋友打电话预订房间，前台需要预留房间。

三确定：确定对于梳理的业务流程，客户是否有补充或者不同意见。

这样，就梳理出尽可能详尽的业务流程了。

3）基于业务流程梳理出对应的全场景

基于图 2-7，梳理出对应的全场景，如表 2-3 所示。

表 2-3 民宿门店的全场景

分　类	场　景	用　户
入住前	A 是一家民宿门店的经理，之前门店的游客预订房间要么是到店预订，要么是在各大旅游平台上预订。最近门店购买了一个民宿系统，经理 A 希望以前的老客户、通过营销推广获得的客户可以在门店的民宿系统中预订房间，于是开始在系统后台上传门店已经有的各种房型图，并进行了发布	经理 A
	马上到国庆节了，游客 B 一家三口想到郊区游玩，在准备预订房间时，想到之前住过的郊区附近的民宿门店不错，于是他找到之前关注的民宿门店的公众号，打开公众号查看房间信息，并预订了房间	游客 B
	经理 A 收到短信通知，有客户下单了，需要确认订单，于是立即到系统后台查看是否有空余房间，在确定有空余房间以后，确认接单	经理 A
	游客 B 收到短信通知，商家确认接单了。游客 B 打开订单，查看相关信息	游客 B
	经理 A 收到短信通知，有客户下单了，需要确认订单，于是立即到系统后台查看是否有空余房间，在确定没有空余房间以后，拒绝了订单	经理 A
	游客 C 收到短信通知，商家拒绝接单，预订款已经原路返回。游客 C 查看钱是否全部到账	游客 C
	经理 A 收到短信通知，有客户下单了，需要确认订单，但是由于手机坏了，没有在 12 小时内确认订单，此时系统自动给游客 D 发送通知，预订款自动原路退回给游客 D	游客 D
入住中	游客 B 到达门店接待处后，凭身份证和手机号办理了入住手续；前台 E 按照游客 B 的手机号，在系统后台办理了入住登记，并把房卡给了游客 B，告诉他如何到达房间	游客 B 前台 E
	游客 F 没有预订房间，到门店后才开始付费，凭身份证和手机号办理了入住手续；前台 E 在收费以后，按照游客 F 的手机号，在系统后台办理了入住登记，并把房卡交给游客 F，告诉他如何到达房间	游客 F 前台 E
	在入住的过程中，游客 B 想在附近多玩几天，也想把住宿时间延长，于是来到门店接待处，告诉前台 E 他想多住几天，并付了款；前台 E 在系统后台进行了游客 B 订单的修改	游客 B 前台 E
	到了午餐时间，游客 B 饿了，他打开民宿门店的公众号，看看附近有什么吃的。他看到了一家不错的火锅店，于是一家三口去火锅店吃火锅	游客 B

续表

分 类	场 景	用 户
入住后	游客 B 一家在入住 3 天以后准备回家了，于是到门店接待处办理了退房手续；前台 E 对游客 B 的订单进行了离店处理	游客 B 前台 E
异常情况	熟客或者经理 A 的朋友打电话预订房间，前台 E 需要预留房间，于是前台 E 在系统后台快速地添加了一个订单，预留了房间	前台 E

在梳理业务全场景需求时，我们经常会遇到一个困惑——业务场景的颗粒度到底多大比较合适？

业务场景颗粒度的标准如何界定？笔者认为，一个完整的业务场景应该是独立的、可汇报的、可暂停的单元。

因此，从某种角度来讲，颗粒度是由组织分工决定的。例如，在上文梳理出的民宿门店的全场景中，场景的颗粒度是游客查看房间信息并下单、经理确认订单、游客收到短信通知。这 3 个场景都是独立的、可汇报的、可暂停的单元。

4）基于全场景找到对应的用户需求

基于表 2-3，梳理出对应的全场景需求，如表 2-4 所示。

表 2-4 民宿门店的全场景需求

分 类	场 景	用 户	需 求
入住前	A 是一家民宿门店的经理，之前门店的游客预订房间要么是到店预订，要么是在各大旅游平台上预订。最近门店购买了一个民宿系统，经理 A 希望以前的老客户、通过营销推广获得的客户可以在门店的民宿系统中预订房间，于是开始在系统后台上传门店已经有的各种房型图，并进行了发布	经理 A	发布房型图、管理房型图
	马上到国庆节了，游客 B 一家三口想到郊区游玩，在准备预订房间时，想到之前住过的郊区附近的民宿门店不错，于是他找到之前关注的民宿门店的公众号，打开公众号查看房间信息，并预订了房间	游客 B	查看房间相关信息，预订房间
	经理 A 收到短信通知，有客户下单了，需要确认订单，于是立即到系统后台查看是否有空余房间，在确定有空余房间以后，确认接单	经理 A	可以查看房间状态、可以接受订单
	游客 B 收到短信通知，商家确认接单了。游客 B 打开订单，查看相关信息	游客 B	可以收到短信通知、可以查看订单信息
	经理 A 收到短信通知，有客户下单了，需要确认订单，于是立即到系统后台查看是否有空余房间，在确定没有空余房间以后，拒绝了订单	经理 A	可以查看房间状态、可以不接受订单

续表

分类	场景	用户	需求
入住前	游客C收到短信通知，商家拒绝接单，预订款已经原路返回。游客C查看钱是否全部到账	游客C	可以收到短信通知、可以查看退款情况
	经理A收到短信通知，有客户下单了，需要确认订单，但是由于手机坏了，没有在12小时内确认订单，此时系统自动给游客D发送通知，预订款自动原路退回给游客D	游客D	可以收到短信通知、可以查看退款情况
入住中	游客B到达门店接待处后，凭身份证和手机号办理了入住手续；前台E按照游客B的手机号，在系统后台办理了入住登记，并把房卡给了游客B，告诉他如何到达房间	游客B 前台E	可以核销
	游客F没有预订房间，到门店后才开始付费，凭身份证和手机号办理了入住手续；前台E在收费以后，按照游客F的手机号，在系统后台办理了入住登记，并把房卡交给游客F，告诉他如何到达房间	游客F 前台E	前台E收款，并可以在系统后台添加入住订单
	在入住的过程中，游客B想在附近多玩几天，也想把住宿日期延长，于是来到门店接待处，告诉前台E他想多住几天，并付了款；前台E在系统后台进行了游客B订单的修改	游客B 前台E	前台E可以在系统后台修改订单信息
	到了午餐时间，游客B饿了，他打开民宿门店的公众号，看看附近有什么吃的。他看到了一家不错的火锅店，于是一家三口去火锅店吃火锅	游客B	可以通过民宿门店的公众号查看附近有什么好吃的
入住后	游客B一家在入住3天以后准备回家了，于是到门店接待处办理了退房手续；前台E对游客B的订单进行了离店处理	游客B 前台E	可以办理退房手续
异常情况	熟客或者经理A的朋友打电话预订房间，前台E需要预留房间，于是前台E在系统后台快速地添加了一个订单，预留了房间	前台E	可以在系统后台添加订单信息

补充说明：在全场景需求中，场景与需求的对应关系是一对多的关系，即一个场景中有多个需求。例如，在表2-4的第一个场景中就有发布房型图和管理房型图两个需求。

5）确定边界

确定边界即根据实际需要确定哪部分场景需求需要系统支持，哪部分场景需求不需要系统支持，哪部分场景需求需要手工+系统支持。

在表2-4中，"可以通过民宿门店的公众号查看附近有什么好吃的"这个需求不需要系统支持；经理A未在12小时之内对游客的订单进行确认，需要自动退款并发送短信通知，这个需求需要系统支持；其他需求都需要手工+系统支持。

2.4 需求管理

作为一名产品经理，从开始接手产品工作的那一刻起，就在和各种各样的需求打交道。在这个过程中，产品经理可能会遇到如下问题。

（1）需求应该从哪里收集？

（2）各种渠道、各个相关角色会反馈很多需求，应该如何落地这些需求？

（3）当需求越来越多时，需要用一个需求库来进行相关需求的管理。需求库如何做？需求库应该包含哪些要素？

（4）接到的需求到底该不该做、什么时间做？应该如何去判断？

通过需求管理，这一系列问题将会一一得到解决。需求管理可以从以下 3 个方面展开来思考。

- 需求全生命周期管理。
- 需求库管理。
- 需求取舍和需求优先级排序。

2.4.1 需求全生命周期管理

关于需求管理，我们首先要建立一个基本的认知，那就是需求全生命周期管理。需求不是一个零碎、单一的存在，它有相应的一套完整的管理过程。需求全生命周期管理大概包括 6 个关键点：需求收集、需求分析、需求确定、需求评审、需求推进和需求变更。

1．需求收集

需求管理的第一步就是需求收集，没有收集到需求，何来后续的全生命周期管理？

2.2 节已经介绍过需求收集的方法和内容，此处不再赘述。

2．需求分析

收集到的需求可能来自不同部门、不同角色、不同颗粒度且是零散的需求，因此我们需要对需求进行分析。

需求分析的目的是业务分析，也就是选择一种以业务为导向的方式将零散的、不同颗粒度的需求串起来，形成一个完整的、内容清晰的框架，以指导后续相关的产品设计、产品开发工作。

在进行需求分析时，我们可以运用业务流程图和业务场景，具体如何运用，可以参阅 2.3 节的内容。

3．需求确定

对于分析完成的需求，我们需要与需求发起者进行确定。

4．需求评审

在需求确定以后，我们需要与技术团队评审需求，并就需求开发的周期、投入的人力进行沟通。

5．需求推进

对于已经完成确定和评审的需求，我们需要进行原型设计、UI（User Interface，用户界面）设计、技术开发等工作的推进。

6．需求变更

已评审完成的需求，在后续推进落地的过程中可能会遇到需求变更的情况，可能是需求发起者提出的需求发生了变化，也可能是技术人员在开发过程中遇到了技术挑战而提出变更需求的请求。这时，我们可通过再次沟通、评估新的产品方案或技术方案，选择合适的方案，推进需求落地。

从需求收集到需求变更是一个完整、闭环的需求管理过程。只有认清需求管理的全生命周期，才能管理好全生命周期中动态的变化，才能管理好每个需求管理的节点。

2.4.2 需求库管理

一家 SaaS 创业企业刚开始的需求不多，对于收集到的需求用文档简单记录一下即可。

随着业务的发展，该企业的需求越来越多。面对数量庞大的需求，该企业需要找一个合适的工具来进行需求管理。这个工具叫作需求库，也有人把它称为需求池。

使用需求库，可以把需求按照标准的方式汇集在一起，方便后续对需求的统一管理（可以在需求库中增加需求、修改需求、查看需求，对需求进行归类、优先级排序等）。

需求库包含的要素主要有 5 类。

（1）需求：需求描述、提出人、提出人的职级、提出时间。

（2）优先级：P0、P1、P2。

（3）评估：产品可行性、技术可行性、投入资源、开发周期预估。

（4）状态：需求确认、需求评审、产品设计、技术设计、技术开发、测试、部署上线。

（5）变更情况：变更提出人、是否有技术瓶颈、产品方案是否变更、技术方案是否变更。

在了解了需求库包含的要素之后，我们就要进行需求库的绘制，可以使用 Excel 表格或者石墨文档来完成。

2.4.3 需求取舍和需求优先级排序

在日常工作中，各种渠道或各个相关角色都会反馈给产品经理很多需求。面对数量庞大的需求，产品经理需要进行需求取舍和需求优先级排序。

1．需求取舍

笔者根据自身的经验认为，需求取舍的判断标准有以下 3 个。

（1）战略方针。战略方针即产品的价值主张，知道了产品的价值主张，就能大概知道产品的边界，在产品的价值主张范围内的需求，可以考虑做；不在产品的价值主张范围内的需求，则不应该做。

（2）用户价值、商业价值组合思考。如果需求对用户有价值，对企业也有商业价值，就应该做；如果需求对用户有价值，对企业没有商业价值，那么可以考虑做，但是需求优先级可能靠后；如果需求对用户没有价值，那么不管它对企业是否有商业价值，都不应该做。

（3）若无必要，则不需要过度设计。开发产品是为了支持业务，在支持业务时，我们可以通过线上+线下的形式来完成，如果是低频且线下处理比线上处理还要方便的业务，那么可以化繁为简，没必要在线上做。

2. 需求优先级排序

在对需求进行优先级排序前，我们需要对需求进行分类，B端的SaaS需求主要分为3类：业务闭环型需求、便利性需求和个性化需求。在这3类需求中，业务闭环型需求最重要，其次是便利性需求，最后是个性化需求。

下面举例说明。小明是为某景区提供营销推广、SCRM（Social Customer Relationship Management，社会化客户关系管理）服务的SaaS服务商的一名产品经理，这家SaaS服务商是一家初创企业，在做门票系统时，有以下几个需求。

（1）添加门票。

（2）编辑门票。

（3）查看门票。

（4）删除门票。

（5）分组批量管理门票。

（6）面向用户的详情页需要有多种样式可以选择。

其中，需求（1）～（4）属于业务闭环型需求，优先级排第一；需求（5）属于便利性需求，优先级排第二；需求（6）属于个性化需求，优先级排第三。

在这3类需求中，在不同类别中也会存在很多需求，如何对其进行排序？我们可以从以下几个维度来综合考虑。

- 需求强烈程度。
- 功能的使用频次。
- 实现成本。
- 团队情况。
- 企业生命周期阶段。

在上例中有一个需求（扫码授权系统）可以和景区服务号绑定，这个需求属于业务闭环型需求，没有这个需求功能，产品闭环就无法实现。但是，在业务闭环型需求中，这个需求的优先级应该如何排列呢？我们来综合考虑一下。

- 需求强烈程度：较高。
- 功能的使用频次：较低，一次授权，终身使用。
- 实现成本：产品设计、技术开发耗时较多。

- 团队情况：初创团队，产品人员、技术人员较少。
- 企业生命周期阶段：初期，处于主要进行产品价值验证的阶段。

经综合评估认为，短期来讲，每增加一个景区，技术手动操作，授权服务号绑定系统（这个比较简单，耗时较少），只要能解决系统绑定服务号的问题，不一定要做完整的解决方案。完整的解决方案可以在后期做，因此这个需求的优先级是排在后面的。

虽然上文介绍了一些方法来支撑我们进行需求取舍和需求优先级排序，但是，需求的优先级判断其实是没有标准答案的，没有一种方法可以将需求划分到足够小的颗粒度来进行需求优先级判断，我们只要能够大概区分出来即可。

2.5 产品架构搭建

一款 SaaS 产品的产品架构搭建得好坏，对结果的影响截然不同。如果产品架构搭建得不好，那么可能带来的直接结果有以下几种。

- 在客户完成某项具体工作时，会有很多不相关的功能出现在客户的操作页面中，导致客户无法高效地完成工作。
- 没有框架性的产品架构指导，后面遇到的新需求或新功能有可能会被后来的产品经理任意归类或者新建一个归类来解决新问题，使最终的产品越做越乱。
- 随着需求越来越多，需要开发的功能就越来越多，功能的耦合度也越来越高，开发难度就进一步增大，产品经理会经常面临功能重改、架构重新搭建的局面。

反之，如果产品架构搭建得好，那么至少可以带来以下几种好处。

- 客户看到的页面都是简洁的，能高效地完成工作。
- 产品架构搭建得好，产品方便客户使用，就会有更多的客户愿意使用产品，从而给企业带来更多的商业价值。
- 避免了因产品架构搭建不合理而产生的重构烦恼，以后的新需求、新功能基本上都能在产品架构内找到合适的位置。
- 企业能够花费更低的成本来实现不同客户的不同需求。

可见，产品架构搭建得好坏，对业务的影响是比较大的。

那么，如何才能把一款 SaaS 产品的产品架构搭建好？我们先对产品架构进行定义。笔者根据自己的理解，对产品架构进行了定义。

首先，一条 SaaS 产品线由多个端组成（包括前台、中台、后台 3 个端）；然后，每个端都根据产品架构搭建者对业务的理解收集用户需求，把用户需求转换为对应的功能，把功能按不同维度进行分类整合，并梳理出分类整合好的各个模块之间的逻辑关系，形成一个完整的端（也可称之为一个子系统）；最后，把 3 个端（子系统）组合在一起形成一条产品线来解决某类问题。这就是产品架构。

这个定义中有 4 个关键点。

- 对业务的理解，找出用户需求，把用户需求转换为对应的功能，把功能按不同维度进行分类整合。
- 梳理出分类整合好的各个模块之间的逻辑关系，形成一个完整的端。
- 多端组合形成产品线。
- 解决某类问题。

通过对这 4 个关键点的理解与运用，大家就会对如何搭建好 SaaS 产品的产品架构有整体的认识。

2.5.1 解决某类问题

下面从解决某类问题开始讲，因为 SaaS 产品是用来解决问题的，而且是解决某类问题的。这个"某类问题"就是战略问题。

战略对产品，或者说对产品经理来说，最重要的作用就是向产品或产品经理指明要做什么、不做什么，使其能清晰地或者大概知道要解决的问题的边界在哪里，并在这个边界范围内定义产品，只有这样，搭建出来的产品架构才是合理的。

关于如何梳理产品战略的内容，大家可以参阅第 1 章的内容，这里不再赘述。

2.5.2 功能分类整合

在梳理好战略问题以后，我们需要通过对业务的理解，找出用户需求，把用户需求转换为对应的功能，把功能按不同维度进行分类整合。

第 2 章 SaaS 产品规划

如何理解 SaaS 业务？

从宏观上说，我们可以从对行业定义的理解、行业的市场规模、行业发展所处阶段、外部经营环境的分析（PEST）等维度来理解业务。

从中观上说，我们可以从产业链上下游分析、企业竞争格局分析、资源集中度分析、进入门槛分析、标杆企业商业模式分析、SaaS 竞品分析等维度来理解业务。

从微观上说，我们可以从所服务的企业经营的业务、相关角色、工作流等角度来理解业务。

关于如何收集用户需求，具体内容可参阅 2.2 节；关于如何把用户需求转换为对应的功能，具体内容可参阅 2.3 节，此处不再赘述。

如何把功能按不同维度进行分类整合？其核心思想就是在一个大分类中，功能要用来解决一类问题。

例如，一个给餐饮商家使用的 SaaS 系统，其后台包含的功能模块有商品、订单、数据、营销、店铺、财务等，不管是现在还是未来，遇到商品需求功能，就将其归类到商品模块；遇到营销需求功能，就将其归类到营销模块，而不是没有标准地乱放。

通过对业务的理解，找到用户需求，把用户需求转换为功能，并对功能进行分类整合，最终就会得到一个功能结构图。

例如，图 2-8 就是通过以上方法梳理得到的某景区 SaaS 产品的功能结构图（为了方便理解，图 2-8 中的一、二级模块的细节内容有所删减）。

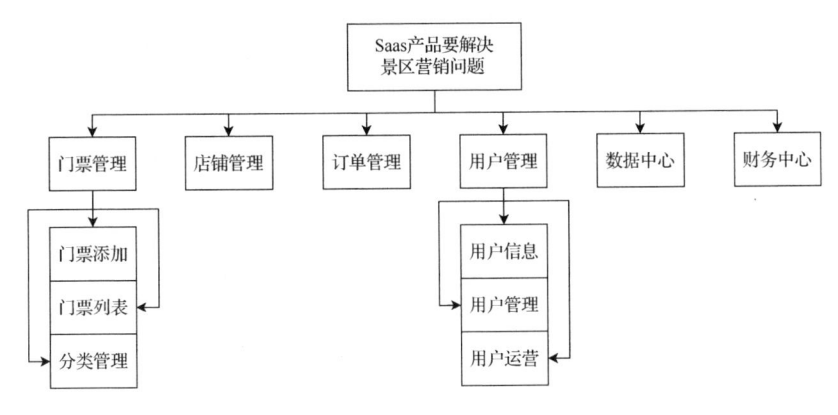

图 2-8 某景区 SaaS 产品的功能结构图

2.5.3 模块之间的逻辑关系

虽然我们找到了要做的功能，并把功能进行了分类整合，形成了一个又一个模块，但此时还不算完成产品架构的整体思考，因为一个又一个产品模块是独立的，它们没有被连接在一起的结果就是并不能产生什么效果。

只有把各个模块有效地连接在一起，才能实现目标、解决问题。这时，我们需要梳理出分类整合好的各个模块之间的逻辑关系。如何梳理各个模块之间的逻辑关系？我们可以用数据流转过程来梳理。

继续以某景区 SaaS 产品为例进行说明。

（1）景区想要卖票，就应该在"门票管理"模块上传门票、管理门票。

（2）上传的门票信息会进入店铺中，游客可以查看门票信息、购买门票。

（3）在游客通过店铺购买门票以后，系统就会生成订单信息，进入"订单管理"模块。

（4）系统生成财务信息，进入"财务中心"模块；生成数据信息，进入"数据中心"模块。

通过数据连接，我们就能把各个模块之间的逻辑关系梳理清楚，最终形成的产品架构图如图 2-9 所示（为了方便理解，图 2-9 有所删减）。

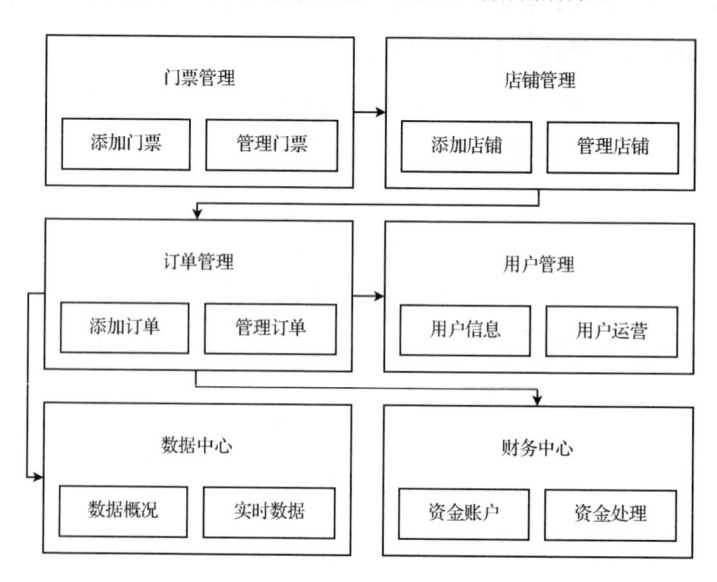

图 2-9 某景区 SaaS 产品的产品架构图

2.5.4 多端组合形成产品线

通过功能分类组合及梳理清楚各个模块之间的逻辑关系后，一个完整的端就形成了，不过此时只是形成了一个小系统，我们还需要把前台、中台、后台及各个相关角色可以用的端组合起来，才能形成一个完整的产品线。那么，包含前台、中台、后台3个端的产品架构如何搭建？

继续以某景区 SaaS 产品为例进行说明。通过功能分类组合及梳理清楚各个模块之间的逻辑关系，我们可以分别梳理清楚游客端、景区端、SaaS 服务商端3个端各个子系统的架构，将这3个子系统形成一个个大模块，并把几个大模块关联起来，形成产品的整体架构图，如图 2-10 所示。

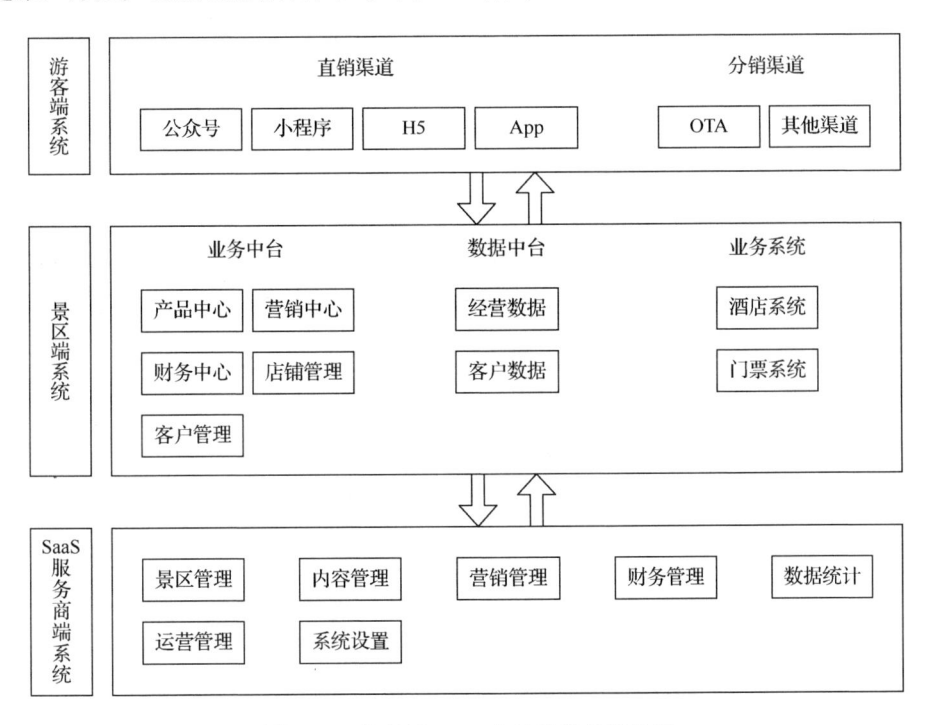

图 2-10 某景区 SaaS 产品的整体架构图

提示：在搭建产品架构时，是否有相似的解决方案可以参考？

由于不同企业所处的行业、拥有的机会和能力等不同，因此其梳理出的战略不同，搭建的产品架构也就不同。但是，通过分类整合，我们可以发现所有企业做的 SaaS 产品基本上都属于两大类（以下分类的目的是梳理出产品要解决的问题大概属于什么类型，这样，我们在搭建产品架构时就可以找到类似的解决方案来参考)：业务垂直型 SaaS 产品和行业垂直型 SaaS 产品。

业务垂直型 SaaS 产品和行业垂直型 SaaS 产品的相关内容，绪论部分已介绍过，此处不再赘述。

2.6 产品年度规划

通常来说，产品初创期及每年年初或者年末是做产品年度规划的重要时期。如何才能做出一份系统且能落地的产品年度规划呢？

下面给出一个思考框架供大家参考。产品年度规划可以从 5 个方面来梳理：愿景、机会与问题分析、明确战略定位、战略路线图和产品路线图。

2.6.1 愿景

在做产品年度规划时，我们要思考或者说要理解的第一件事是愿景。

因为产品年度规划是对战略的落地执行规划，而战略是基于未来的判断制定出的目标，所以愿景是制定战略的前提。

从另一个角度来讲，人生路漫漫，我们都会遇到挫折，都会阶段性地处于迷茫状态，都有可能在不确定的现实深林里迷路。这时，我们需要愿景，需要抬头仰望星空，找到指引方向的北极星。无论是对于个人还是对于企业，愿景都极其重要。

什么是愿景？愿景是指企业通过对未来的判断，想从社会中获得什么。愿景是企业基于长期视角，对未来的假设和自己信念的不断思考的结果。它反映了企业的眼光、格局、胸怀及最终的潜力。

2.6.2 机会与问题分析

有了愿景，接下来我们需要梳理战略。一个好的战略一定是基于机会与问题而来的。这里的机会与问题分别是指服务的客户目前有哪些机会点可以去做；在过去一年的实践中，产品出现了哪些问题需要解决。只有把机会与问题列出来，才有可能梳理出战略。

1. 服务的客户目前有哪些机会点可以去做

怎么找到机会点呢？笔者经常听到很多创业者讲，这个行业有做平台的机会、那个行业的商家需要营销服务等。

我们从这种高度概念化的东西中是看不到机会点的，也做不出能解决商家问题的产品（如果高度概念化的目的是方便对外交流，那么是可以找到机会点的；如果高度概念化的目的是内部讨论，那么是找不到机会点的）。

在具体思考时，我们需要结合具体的场景，否则就不会知道有什么问题需要解决，自然就找不到机会点。

例如，某企业为景区提供 SaaS 产品，该企业的产品经理需要梳理景区有哪些事需要 SaaS 产品提供服务。经过梳理，产品经理认为营销、运营、销售、管理这几件事需要 SaaS 产品提供服务。从这种高度概念化的企业经营活动中我们是找不到机会点的。

正确的寻找机会点的方式应该是：首先，确定找问题的视角和颗粒度；然后仔细梳理出需要解决的问题。

以景区营销为例，我们可以从游客在客源地时、到景区入园前、游园中、离园后这 4 个视角切入。例如，当游客在客源地时，影响游客买票的可能因素有 OTA 渠道分销、客源地异业联盟分销渠道分销、IP（Intellectual Properly，知识产权）营销等，以这样的颗粒度去梳理事件，才能找到机会点，并给出合适的产品解决方案，也就知道了产品应该给出什么样的功能组合来解决问题。

2. 在过去一年的实践中，产品出现了哪些问题需要解决

这个比较容易理解，即在过去的一年中，在企业的产品架构中，哪些模块做得不好，需要优化迭代；哪些模块做得不够详细，需要进一步细化；哪些模块还可以设计更多的玩法来解决业务问题等。

2.6.3 明确战略定位

通过进行机会与问题分析，我们会找到一系列机会与问题。这时，我们需要提炼，将其高度概念化，形成战略指导。

战略的存在是为了保持行动的一致性，保持团队成员都高度理解团队目标，彼此能够协同一致。

例如，某餐饮行业的 SaaS 服务商在分析完机会与问题后，提炼出其战略目标：通过软件+硬件+代运营服务，助力餐饮企业的业绩增长。

又如，某旅游行业的 SaaS 服务商在分析完机会与问题后，提炼出其战略目标：通过软件+硬件+代运营服务，助力景区的业绩增长。

在提炼出战略目标后，我们需要将其用于指导后续一系列的产品设计活动。

在这里，笔者要重点强调一件事。细心的读者会发现上面两个例子中的两个 SaaS 服务商的战略目标高度一致，唯一不同的是服务的对象不同。在不同的对象背后，机会点是不同的（这里要再一次强调做机会与问题分析的重要性）。

也就是说，战略只是一个指导思想，要做好产品，核心还是要从机会与问题分析着手，去展开产品设计。

2.6.4 战略路线图

在制定出战略目标后，我们需要制定战略路线图。总体来讲，战略路线图要梳理清楚 3 件事。

（1）产品组合。

（2）每条产品线承担的战略任务。

（3）产品推出的顺序，即先做哪款产品，后做哪款产品。

如何理解这 3 件事呢？下面举例说明。某企业的战略目标是给商家提供全场景、全链路的 SaaS 产品解决方案。如果该企业的产品是按行业来给出产品解决方案的，就有可能给出餐饮、零售、酒店等不同行业的产品解决方案（这就是产品组合）。

每条产品线承担的战略任务都是完成其所支持的行业的全场景、全链路的 SaaS 产品解决方案。

该企业根据自己的资源、行业数字化程度、市场规模等，制定出零售—餐饮—酒店业务产品线的顺序（这就是产品推出的顺序）。

2.6.5 产品路线图

大致来讲，产品路线图要梳理清楚产品管理的两件事：产品架构和推进节奏管理。

1. 产品架构

把产品架构梳理清楚了，就把产品大概的形状、需要具备什么功能都梳理清楚了。

产品架构搭建者根据自己对业务的理解，从一个模块开始，推导出另一个模块，又从这个模块开始，推导出另一个模块，进而把整个产品包括的所有模块的顺序都梳理清楚，并把它们连接在一起来解决某类问题。

关于产品架构搭建的内容，读者可以参阅 2.5 节的内容。

在搭建好的产品架构中做产品规划时，我们可将功能模块主要分为 3 类。

（1）基本上没有什么变化的模块。

（2）通过复盘发现问题，需要进行迭代的模块。

（3）在寻找机会点时，在进行全流程、全场景梳理时，发现新的需求，新增加的模块。

在搭建好产品架构，并把功能模块梳理清楚之后，我们需要对要设计和开发的功能模块进行节奏管理。

2. 推进节奏管理

推进节奏管理主要关心 3 个要素：人、事、时间表，即在什么时间范围内让什么人完成什么事。

一个简单的项目推进节奏管理表如表 2-5 所示。

表 2-5 项目推进节奏管理表

需 求	负 责 人	完 成 时 间
需求 1	小王	2021-01-13
需求 2	小张	2021-01-21
需求 3	小羊	2021-02-05
需求 4	大牛	2021-02-23
需求 5	翠花	2021-02-28
需求 6	小敏	2021-03-05
需求 7	晓东	2021-04-18

2.7 不同生命周期的产品把握重点

SaaS 产品和其他移动互联网产品一样，也有自己的生命周期，其中包括 MVP 阶段、PMF（Product Market Fit，产品和市场达到最佳的契合点）阶段、快速成长期、成熟期。

在每个阶段，产品经理要解决的问题都各有侧重点：在 MVP 阶段，产品经理要解决产品可用的问题；在 PMF 阶段，产品经理要解决产品可卖的问题；在快速成长期，产品经理要解决产品规模化的问题；在成熟期，产品经理要解决探索第二条发展曲线的问题。

2.7.1 MVP 阶段

MVP 这个概念在移动互联网高速发展时期比较火。当时，MVP 可以小到这种程度：产品经理简单地画一个原型图进行演示，告诉客户自己想做一个什么样的产品来帮他解决什么问题，并征求客户的意见，看客户是否想要这样的产品。

而在企业级 SaaS 赛道，MVP 的最低标准是做出一款可用的产品。原因如下。

- 企业客户的需求相对理性、可控，产品经理可以大概知道客户的需求，并设计、开发出一款简单可用的产品让客户使用（而不像很多 To C 业务那样，很多想法、创意都比较新，需求还处于待验证阶段）。
- 在推出一款最小可用的产品供客户使用后，产品经理才能根据客户的需求进一步设计与开发产品。

为了做出一款可用的 MVP，我们需要初步思考并回答以下问题。

第一个问题：客户是谁？

这个问题回答得越精准越好，举例如下。

- 我们的客户来自各行各业。
- 我们的客户来自旅游行业。
- 我们的客户是旅游行业的景区。
- 我们的客户是旅游行业年接待游客量 20 万人次起的景区。
- 我们的客户是乡村旅游领域年接待游客量 10 万人次起、年营业额 1000 万元起，提供给游客的产品有游览景点门票、住宿、特产、园内体验型项目的景区。

显然，最后一个回答最精准。

假如你服务的客户分布在不同行业，不同行业中的客户也有大、中、小型之分，那么你需要进行客户细分。因为同一款产品不可能满足不同行业各类客户的需求，你需要针对不同的客户设计不同的产品来满足其需求。

第二个问题：用户是谁？

SaaS产品的购买者是客户，而SaaS产品的使用者才是用户，只有用户觉得产品好用，产品产生了价值，客户才有可能再次购买。因此，在确定客户是谁以后，还需要确定用户是谁。用户不同，产品设计的关注点就可能不同。例如，互联网产品重度使用用户和非重度使用用户对产品的简单、易用程度的要求不同。

第三个问题：要解决什么业务问题？

在知道客户是谁以后，我们需要说清楚自己的产品要为客户解决什么业务问题，举例如下。

- 解决零售行业的客户关系管理问题。
- 解决中、大型企业的招聘系统搭建问题。
- 解决企业间的电子签章问题等。

在回答要解决什么业务问题时，不要描述得太复杂，要简明扼要。

第四个问题：商业模式的初步假设是什么？

这个问题即如何赚钱的问题。在MVP阶段，我们对于商业模式要有一个初步的假设。一般来说，SaaS产品的商业模式主要有以下几种。

- 按版本收费。
- 基础功能免费+高级功能收费。
- 按使用人数收费。
- 收取定制服务费。
- 按效果收费。

不管是哪种商业模式，都与给客户提供的价值大小有关联，我们需要先帮助客户赚到或者省下更多的钱，再从帮客户赚到或者省下的钱中分一部分钱，这是SaaS产品收费的核心思想。

笔者之前负责过一款帮助景区解决私域流量运营问题的 SaaS 产品，采取的商业模式是按效果收费。通过帮助景区在私域流量中卖货，笔者所在的企业从景区得到的交易额中收取佣金，这就是从客户的角度来考虑，即通过先帮助客户赚到更多的钱，再从帮客户赚到的钱中分一部分钱。

笔者负责的另一款 OA 产品采取的商业模式是按版本+按使用人数收费，不同的版本具有不同的功能组合；同一版本，按使用人数收费（因为不同行业、不同规模的客户需要的功能不同，客户规模不同，则使用的人数不同），这样的商业模式是站在为客户提供价值大小的角度来考虑的。如果不采用这样的组合方式收费，而采取统一收费方式，就没有站在为客户提供价值大小的角度考虑，从而可能导致有的客户需要很少的功能，且只有很少人使用，得到的价值很小，却需要和其他得到更多价值的客户支付同样多的费用，这是不合理的。

在梳理清楚以上 4 个问题后，我们就可以开始设计、开发一款 MVP，将其投入市场中，并根据客户的反馈持续迭代产品。

2.7.2　PMF 阶段

在将 MVP 投入市场后，我们就要根据客户的反馈，不断打磨产品。打磨好产品，让产品可卖，这个阶段属于 PMF 阶段。在 PMF 阶段，我们要思考以下几点。

1. 产品迭代

关于产品迭代，互联网行业中有一个很重要的思想：假设我们最终的目的是要造一辆车，那么这辆车的迭代路径应该是先造一个可以动起来的滑板，再造自行车、摩托车，最后才造出一辆汽车。

在 To C 业务领域，由于业务的复杂度低、架构简单，这个迭代路径非常实用。而在 To B 业务领域，由于业务复杂、架构复杂，如果按照这样的迭代路径，那么每一轮迭代都要重新搭建架构，这显然是不合理的（因为搭建成本高、用户使用成本高等）。

To B 业务的正确迭代思路应该是这样的：先造一个有轮子、有发动机可以跑的车；然后不断地补上窗户、座位、外壳等。这很符合 B 端 SaaS 产品的迭代思路，即先把产品的整体架构搭建起来，然后围绕架构填充缺少的功能模块。

2．商业模式的初步验证

在 MVP 阶段，我们已经对商业模式做了假设。在 PFM 阶段，在给企业使用 SaaS 产品的过程中，我们要不断完善自己的产品，让自己的产品可卖，即让产品带来商业价值。这时，我们就要进行验证，验证我们之前的假设是否成立。

值得注意的是，在确定商业模式及收费价格以后，我们还应根据发展节奏不断调整价格，而不能一成不变。不断调整价格可以带来以下两个好处。

（1）在产品进入市场初期，按低于竞争对手的价格销售产品，可以降低销售的难度和获客成本。

（2）在产品后期，随着产品价值的增加，提高价格可以增加企业的营收。

3．种子客户的获取与代运营服务

一般情况下，SaaS 产品创始人在行业内会有一定的资源积累，在初期可以通过人脉关系去获取客户。此外，SaaS 产品创始人还可以通过地推的方式逐一拓展客户，甚至可以通过商务合作的方式去获取客户。

对于获取到的客户，我们要提供深度的代运营服务，通过代运营帮助客户解决更多的业务问题（因为产品的功能还不足，所以必须通过提供代运营服务来弥补）。

4．先做重，再做轻

有些做 SaaS 产品的创业者有这样一种思想：轻资产运作，想要做轻一点，特别是不想提供代运营服务，希望产品可以解决所有问题。

而在 PMF 阶段，正确的做法如下：产品做轻，代运营服务做重。对于一些需求，我们并不能确定，所以不应把所有需求都加到产品中，希望产品可以解决所有问题。同时，代运营服务要做重一点，只有在和客户深度合作的过程中才能发现更深层的需求，才能把需求变为产品，并进一步完善产品。

5．不要过早地结束 PMF 阶段

在 PMF 阶段，在某个区域内，客户会达到一定的数量。这个阶段是一个打样板的阶段，我们发现了一定数量客户的需求，给出了解决方案，给客户带去了价值，同时给自己的企业带来商业价值。

当持续在一个区域内运作半年至一年，能实现系统稳定、没有故障且客户留存率也较高时，就说明已经过了 PMF 阶段，可以进入下一阶段了。

2.7.3　快速成长期

在进入快速成长期以后，我们要做两件事：持续迭代产品和增加产品矩阵。

1. 持续迭代产品

一方面，只要产品还在使用，产品就有迭代空间。

另一方面，随着客户越来越多，差异化的需求就会出现，产品就需要增加新的功能，我们就要通过配置化的手段满足客户各种个性化的需求。

2. 增加产品矩阵

为了实现战略目标，我们会开发一系列产品。在前期，由于处于市场初期，因此我们只会开发一款产品。而到了快速成长期，第一款产品已经初步成型，为了实现战略目标，一系列产品就会依次进入设计、开发阶段。

2.7.4　成熟期

当一款产品发展到一定阶段时，通常会遇到瓶颈，也就是说，不再持续高速增长。从另一个维度来讲，每个产品都有它的生命周期。当它发展到一定阶段时，可能就不再能满足市场的需求，就有可能被淘汰。

因此，在产品被淘汰之前，我们要开始探索第二条发展曲线。

如何探索第二条发展曲线？这里有一种方法可供参考。

著名学者、商业观察者吴伯凡讲过一个概念——暗能力。什么是暗能力？简单地说就是，你做一件事，会培养出其他的能力，这些能力虽然在眼下不能变现，但也许未来有一天，你能凭借这些能力找到新的业务和赛道，这些能力就是暗能力。

在 SaaS 产品发展的过程中，我们一定会积累一些经验或者资源，可以根据这些经验或者资源进行新业务线的探索。

本章小结

本章主要围绕 SaaS 产品规划展开叙述，要想做好 SaaS 产品的整体规划，就要做好以下几点。

- 知道如何收集、分析及管理需求。
- 知道如何搭建一个好的产品架构。
- 知道产品年度规划怎么做。
- 知道如何把握不同生命周期的产品重点。

第 3 章 SaaS 产品设计

本章要点：

- 信息架构图的梳理。
- 产品交互。
- 产品方案。
- 个性化需求的设计。
- 产品设计的原则。

在完成 SaaS 产品战略梳理、产品规划等工作后，我们就要进入产品的设计环节了。

本章会从信息架构图的梳理、产品交互、产品方案、个性化需求的设计、产品设计的原则等维度依次讲解如何做好 SaaS 产品设计。

第 3 章 SaaS 产品设计

3.1 信息架构图的梳理

在收集到用户需求以后,我们需要将用户需求转换为产品需求,即把用户需求转换为功能模块。

围绕功能往下拆分,拆分到最小颗粒度,即数据单元信息(也称信息)。将多个数据单元信息组合在一起就形成一个完整的功能。将多个功能包含的数据单元信息组合在一起就形成信息架构图。

下面仍以某民宿门店的 SaaS 系统为例,梳理得到的用户需求如表 2-4 所示。

我们需要把收集到的用户需求转换为功能,具体如下。

- 添加房型功能。
- 管理房型功能。
- 住宿设置功能。
- 查看房态功能。
- 管理订单功能。
- 游客查看房间信息、预订房间功能。

把转换后的功能集合在一起,形成功能结构图,如图 3-1 所示。

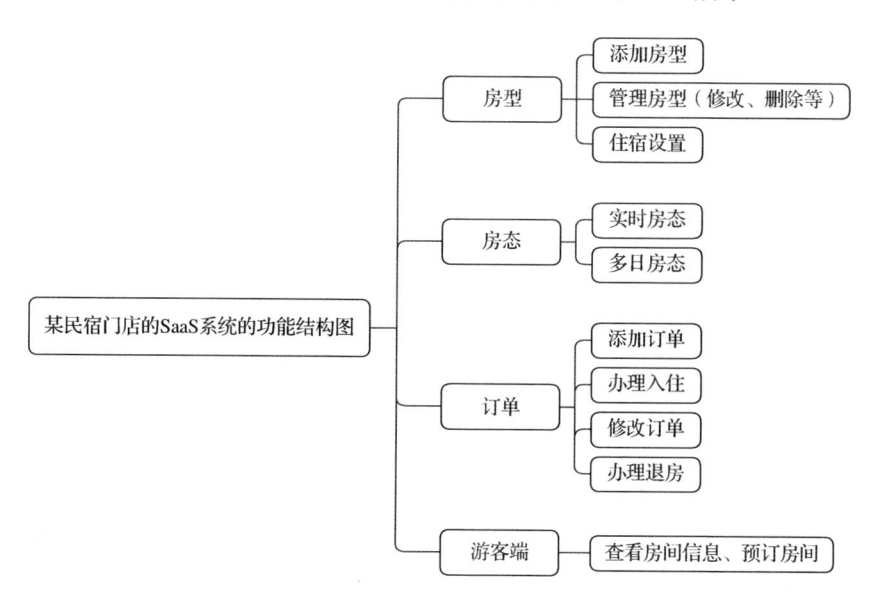

图 3-1 某民宿门店的 SaaS 系统的功能结构图

将功能往下拆解，拆解出多个数据单元信息；将数据单元信息组合在一起，形成信息架构图。图 3-2 是房型功能模块往下拆解得到的信息架构图。

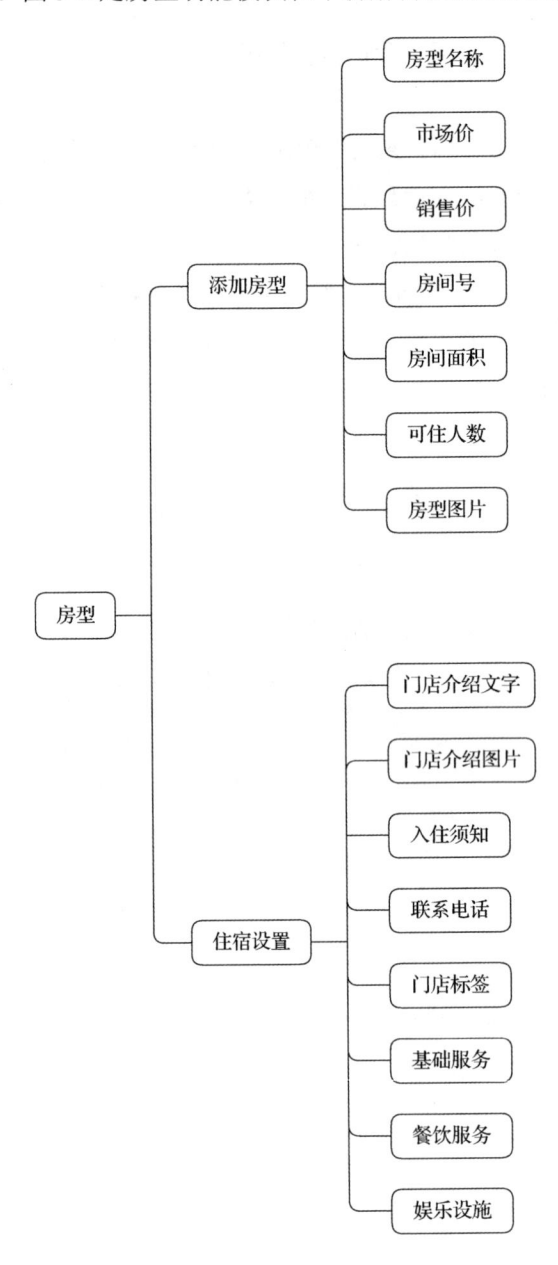

图 3-2　房型功能模块的信息架构图

3.2 产品交互

在完成前面的相关工作后,我们需要进行产品交互设计。

产品交互设计主要包括 3 点。

- 梳理出功能的使用流程。
- 梳理出完成功能使用流程需要几个页面。
- 绘制相关节点完整的页面。

在 3.1 节提到的某民宿门店的 SaaS 系统中,有一个功能是添加房型,针对这个功能,我们应该如何做交互设计呢?具体步骤如下。

第一步,梳理出功能的使用流程:添加房型—完成房型相关信息的输入—提交—进入房型列表页面。

第二步,梳理出完成功能使用流程需要几个页面:只需两个页面即可,添加房型和房型列表在同一个页面;完成房型相关信息的输入、提交在同一个页面。

第三步,绘制相关节点完整的页面:添加房型和房型列表页面如图 3-3 所示。

图片	房型名称	市场价/元	销售价/元	间数	房间号
	豪华大床房	2300	1800	2	A1 A2
	豪华大床房	2300	1800	2	A1 A2

图 3-3 添加房型和房型列表页面

完成房型相关信息的输入、提交的页面如图 3-4 所示。

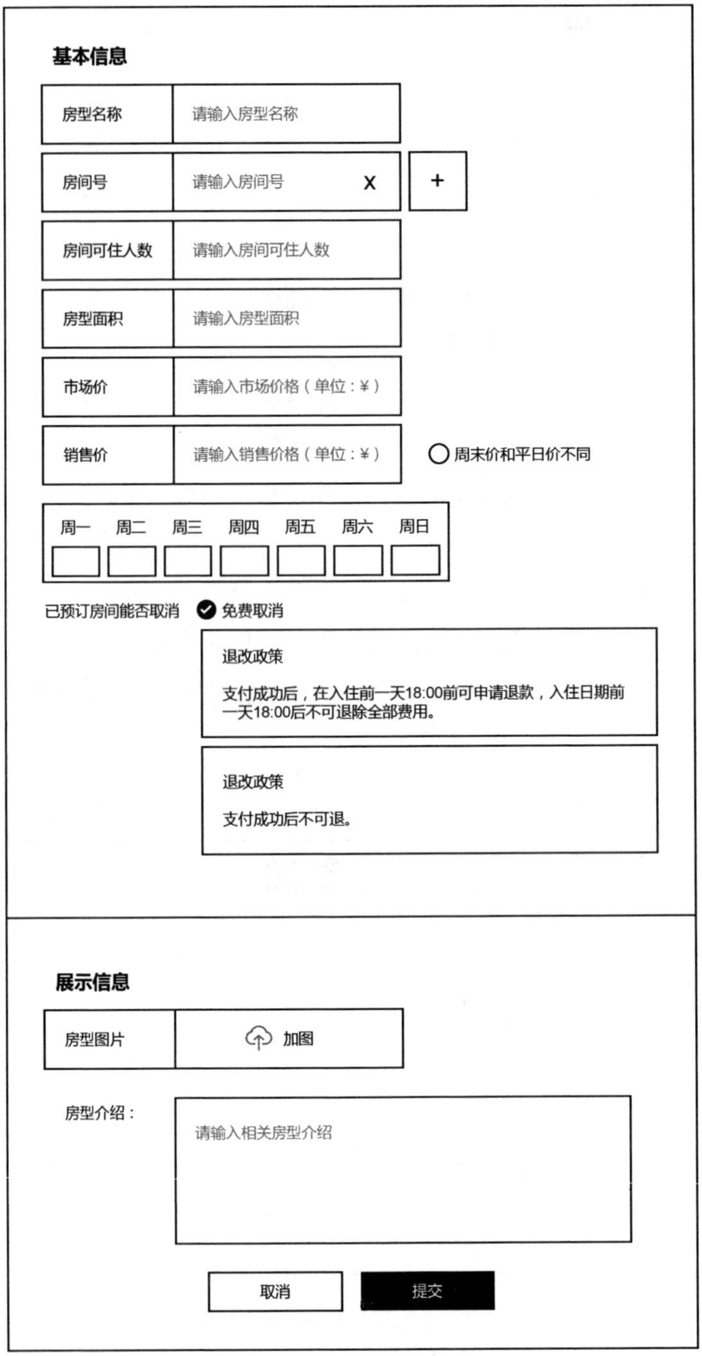

图 3-4 完成房型相关信息的输入、提交的页面

3.3 产品方案

在完成产品交互设计后，我们还需要做一份 PRD（Product Requirements Document，产品需求文档）来配合产品交互设计，才算完成产品方案的设计。

如何撰写 PRD？一般情况下，一份完整的 PRD 会包含以下几个要素。

（1）项目概述，包括项目背景、建设目标和建设原则。

（2）系统需求，包括系统角色、总体业务流程、系统功能需求和性能要求。

（3）设计方案，包括总体架构设计、总体功能结构设计、功能模块详细设计说明。

（4）进度计划安排。

不同企业的具体情况不同，PRD 不一定要包括上述所有要素，企业可以根据自身的情况进行取舍，只要表达出来的内容简单、清晰，让技术人员能看懂即可。

关于 PRD，这里做一个补充说明：以前有很多企业以 Word 文件来表现 PRD，但是协作麻烦、可读性不强，很多技术团队不愿意打开 Word 文件来阅读。根据笔者的经验来看，如果没有特殊原因，直接在 Axure 上完成 PRD，并在原型旁边附上相关标注即可，这样能增强可读性，还能为产品经理节省时间，同时能清晰地描述需求。

3.4 个性化需求的设计

在进行 SaaS 产品设计的过程中，我们不仅要让产品能满足客户共有的需求，还要让产品能尽量满足不同客户的个性化需求。不同客户的个性化需求如何满足？我们可以采用以下几种方法。

- 功能可配置。
- 业务系统可配置。
- 多套模板可供选择。
- 插件或应用可供选择。
- 支持二次开发。

- 角色及角色权限可配置。
- 不提供标品，只做能力。
- 多个版本可供选择。

3.4.1 功能可配置

当不同的客户在使用同一 SaaS 产品，个性化的需求只出现在功能层面时，我们可以通过功能可配置的方法满足不同客户的个性化需求。

下面以 2.5 节提到的某景区 SaaS 产品为例，介绍在面对一个功能层面的个性化需求时该如何思考并落地。

该景区 SaaS 产品的现状：一级模块包括"门票管理"（此时的门票指付费门票）"店铺管理""订单管理""用户管理""数据中心"等。该景区 SaaS 产品的产品架构如图 2-9 所示。

我们最终确定了以下两个有价值的需求。

- 有的景区想提供给游客免费的门票，但需游客预约，而有的景区不需要。
- 有的景区要求游客在入园时出示身份证，而有的景区则不要求。

不同的景区有不同的个性化需求，我们应该如何落地产品设计？思考过程如下。

（1）有的景区想提供给游客免费的门票，但需游客预约，而有的景区不需要。该业务需求应被归类到"门票管理"模块中，这时，我们只需在"门票管理"模块中配置一个门票是否收费的功能，即可解决这个问题，如图 3-5 所示。

门票是否收费	● 需要 ○ 不需要
市场价	请输入市场价格（单位：¥）
销售价	请输入销售价格（单位：¥）

图 3-5 门票是否收费功能配置

如果门票不需要收费，工作人员选中"不需要"单选按钮，"市场价"和"销售价"文本框就会被置灰，不能操作。

（2）有的景区要求游客在入园时出示身份证，而有的景区则不要求。这时，我们可以在"门票管理"模块中配置一个取票时是否需要身份证功能，即可解决问题，如图3-6所示。

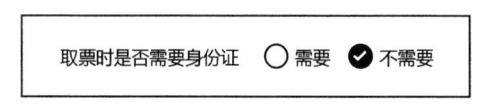

图3-6 取票时是否需要出示身份证功能配置

再举一个例子。以2.3节提到的某民宿门店的SaaS系统为例，该产品服务的客户在功能层面有很多不同的功能需求，这时，我们可以增加个性化功能模块，如"记一笔""打印功能"（见图3-7）等，让客户可以根据自己的需求进行功能选择、配置来满足自己的个性化需求。

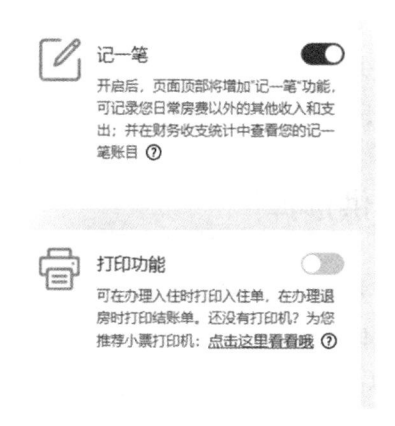

图3-7 某民宿门店的SaaS系统的个性化功能库

3.4.2 业务系统可配置

当不同的客户有不同的业务需要系统来做业务支持而出现业务层面的个性化需求时，我们可通过业务系统可配置的方法来满足不同客户的个性化需求。

当从业务系统层面来配置时，我们可采用以下两种方法。

第一种：配置权限在SaaS服务商手中，SaaS服务商根据客户的需求进行后台配置。

第二种：配置权限在客户手中，客户根据自己的业务需求进行权限配置。

这是什么意思呢？下面以景区 SaaS 产品为例来进行讲解。

景区 SaaS 产品目前拥有的业务系统是票务系统，但是在该产品服务的景区中，有的景区还有酒店管理系统的需求，而有的景区没有，这时我们应该怎么办？

我们可以添加一个"房型管理"模块，使其与原有的"订单管理""数据中心"模块一起形成一个完整的住宿管理系统。

如果一开始就把住宿管理系统默认设计在产品中，就会增加产品的复杂度，不需要住宿管理系统的景区用起来就会不合适。因此，我们需要用业务系统可配置的方法满足不同景区的个性化需求，具体方法如下。

（1）配置权限在 SaaS 服务商手中，当景区需要住宿管理系统时，可联系 SaaS 服务商，SaaS 服务商为景区配置权限。

（2）在景区的系统后台中设置一个个性化功能库，把住宿管理系统放在该功能库中，若景区有需求，则可自行到该功能库中配置权限。

应该选择哪种方法？并没有标准答案，我们可通过综合评估来选择（可评估产品的收费方式、发展阶段、技术实现难度等因素）。

3.4.3 多套模板可供选择

同一功能，当客户需要的解决方案不同时，我们可用多套模板可供选择的方法来解决不同客户的个性化需求。

仍以景区 SaaS 产品为例。每个景区都需要有一个店铺（或者叫作商城系统）来面对 C 端游客，供游客查看、购买各种商品。

这时，所有景区都希望自己的店铺和别人的不一样，想要个性化的店铺。面对这样的个性化需求，我们可以设计出多套店铺模板来供不同的景区选择。

3.4.4 插件或应用可供选择

每款 SaaS 产品都有自己的设计边界，围绕 SaaS 产品设计边界外的相关业务需求，我们可以通过插件或应用可供选择的方法来满足不同客户的个性化需求。

例如，很多 OA 产品在给客户提供协同办公解决方案时，协同办公包含的业务范围非常大，不可能所有功能都由 OA 产品团队自己开发。这时，OA 产品团队可以引入第三方应用来供客户选择，如 OA 产品中的 CRM、人力资源系统都可以引入第三方应用来供客户选择。

3.4.5　支持二次开发

由于 SaaS 产品服务的客户是多个，而不是一个，因此无论 SaaS 产品团队的思考如何缜密，都可能出现部分客户的个性化需求无法被满足的情况。这时，SaaS 产品团队可以通过二次开发的方法来满足客户的个性化需求。

需要注意的是，要想做出一款优秀的 SaaS 产品，产品设计就要克制，尽量提供较少的二次开发服务，因为定制开发服务耗时、毛利低。

3.4.6　角色及角色权限可配置

使用产品的用户有很多，不同的用户需要不同的权限，此时我们可以通过角色及角色权限设置来实现哪些角色能访问哪些页面、能看到哪些数据及可以使用哪些功能。通过角色及角色权限可配置，我们可以满足多人享有同一产品的同种菜单权限、多人享有同一后台的不同菜单权限等多种权限配置需求。

3.4.7　不提供标品，只做能力

由于服务的客户业务形态是多样化的，因此很多时候我们无法把所有功能都做成标准化的产品。这时，我们需要将功能做成半成品，当客户使用这些功能时，可以将其组装成符合其业务需求的成品。

例如，有一款产品叫微伴助手，它是企业微信做私域流量运营的一个工具。在帮助服务的商家解决客户转化问题时，它提供了一个解决方案——围绕客户全生命周期做精细化运营管理。

但是，微伴助手服务的业务逻辑不同，对客户的全生命周期管理也不相同，也就是说，围绕客户全生命周期做精细化运营管理有了不同的个性化需求。

这时，微伴助手给出了一个解决方案——可配置的客户全生命周期管理方案（见图 3-8），也就是提供了能力，成品由商家自行配置。

```
新客户 → 初步沟通 → 意向客户 → 商机
                                    ↓
                                  无意向客户
```

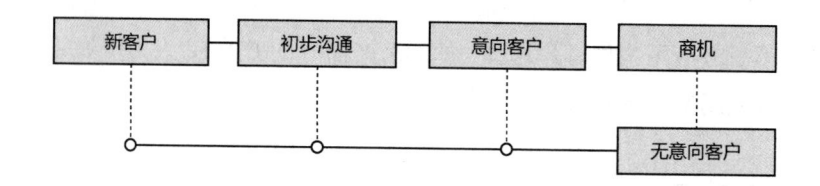

客户阶段	阶段描述	跟进提醒	操作
新客户	—	✓ 员工提醒：超过【7天】停留，次日【9:00】提醒 ✓ 管理员提醒：	删除丨编辑
初步沟通	—	✓ 员工提醒：超过【7天】停留，次日【9:00】提醒 ✓ 管理员提醒：	删除丨编辑
意向客户	在沟通后对功能感兴趣，有购买意向的客户	✓ 员工提醒：超过【7天】停留，次日【9:00】提醒 ✓ 管理员提醒：	删除丨编辑

图 3-8　可配置的客户全生命周期管理方案

从图 3-8 中可以看到，微伴助手首先给出了一个默认配置好的客户全生命周期解决方案，分为新客户、初步沟通、意向客户、商机、无意向客户这 5 个阶段。这个生命周期的划分只是初步划分，商家可以根据自己业务的个性化需求，对这个划分进行编辑、增加、删除。

编辑是指对客户阶段的名称、阶段提醒规则进行调整。

增加是指除了这 5 个阶段，还可以增加更多的阶段，可根据业务需求进行调整。

删除是指在这 5 个阶段中删除 1 个、2 个等，可根据业务需求进行调整。

说明：客户全生命周期每个阶段的跟进提醒可以自定义。

3.4.8　多个版本可供选择

同一 SaaS 服务商服务的客户可能来自多个行业，或者来自同一行业但规模不同，这些客户的业务逻辑会有很大的差别。因此，为了使产品更加适合客户，SaaS 服务商需要设计不同的版本来供客户选择，以满足不同客户的需求。

3.4.9 如何把握好个性化设计的灵活度

以上讲到的个性化设计方法并不是万能的，我们不能认为既然有那么多个性化的需求，把各个功能都做得个性化就可以了。我们要牢记一个终极目标——开发 SaaS 产品是为了帮助客户解决问题的，我们要让客户能使持续并付费使用 SaaS 产品。

如果个性化设计的灵活度过高、配置项多，就会造成页面不简洁且操作麻烦，增加客户的工作量，还会大大增加开发成本和延长开发周期。

因此，我们需要进行综合评估（包括对客户的理解、收入方式、客户服务投入度等方面），把握好灵活度。

就像前文提到的，景区对店铺有个性化需求，因此 SaaS 服务商开发多套店铺模板，对于店铺模板中的功能组件，景区可以自由编辑、增加、删除，最终搭配出一个自己想要的个性化店铺模板。

对于中、小型客户，SaaS 服务商只需向其提供一套固定的模板即可，因为他们可能不会使用个性化店铺模板，而且他们的购买力比较低。但是，个性化店铺模板的产研周期比较长且成本较高，如果向中、小型客户提供个性化店铺模板，就会大大增加产品的盈利难度。

经过综合评估，SaaS 服务商决定只提供一两套简单且固定的店铺模板。

3.5 产品设计的原则

产品设计应遵循一定的原则，这样可以使设计出的产品更有生命力、能实现更大的价值。

什么是原则？原则是指"说话或行事时所依据的法则或标准"。例如，公事公办是公务员办事的一项原则；循序渐进是学生在学习时应遵循的一项原则。

回到 SaaS 产品上，SaaS 产品设计应该遵循哪些原则呢？笔者根据自身的经验，总结了以下 9 项原则。

（1）要想清楚到底要帮助客户解决什么业务问题。

SaaS 服务商在开始做一款 SaaS 产品时就要想清楚到底要帮助客户解决什么业务问题。因为只有知道了产品要解决什么业务问题，才能知道产品战略是什么、产品设计的边界在哪，才能指导和推进产品设计工作。

产品要帮助客户解决什么业务问题是可以用一句简单的话描述清楚的，如解决零售行业的客户关系管理问题，解决中、大型企业的招聘系统搭建问题，解决企业间的电子签章问题。

（2）能给客户带来价值，是一个产品存在的根本原因。

产品要能给客户带来价值，这是众所周知的。每个产品经理、产品负责人都认为自己做的产品是有价值的，可以给客户带来实实在在的价值。

但是，那很有可能是产品经理、产品负责人认为的价值，而不是客户认为的价值。这是什么意思呢？关于什么是客户价值，百度原产品副总裁俞军讲过一个公式：

$$客户价值=新体验-旧体验-替换成本$$

新体验是指创造出的新产品给客户带来的体验；旧体验是指在没有新产品之前，客户使用的旧的解决方案给客户带来的体验；替换成本是指客户为了使用新产品来解决问题，需要付出的金钱成本、学习成本，以及操作软件所要投入的精力成本等。

因此，真正给客户带来价值的产品要满足以下条件：新体验-旧体验-替换成本>0。

如果小于或等于0，新产品就没有给客户带来价值。

（3）能实现商业价值才是一款好产品。

一款SaaS产品可能给客户带来了价值，但是客户并不愿意为产品带来的价值付费，即不能实现商业价值，那么它就不是一款好产品。即使有客户在用，SaaS服务商也应该关闭这条产品线，或者将这条产品线转型，寻找新的出路。

只有设计、开发出来的产品能实现商业价值，并持续投入设计、开发，才能形成正向的循环。

（4）产品架构的搭建要考虑产品未来的可拓展性。

前文已经讲过，对SaaS产品来说，产品架构搭建是一件非常重要的事。

如果产品架构没有搭建好，那么可能带来的隐患是功能模块在未来会需要进行大调整，导致各种产研费用增加。

如果产品架构搭建得好，给未来的产品功能预留了空间，就可以避免产品架构搭建不合理带来的重构烦恼，以后的新需求、新功能基本上都能在产品架构内找到合适的位置。

（5）在为可配置系统新增功能模块时，要运用高内聚、低耦合的思维。

在工作中，产品经理会遇到一些比较大的模块性的需求需要落地。例如，某产品经理接到了要增加一个大转盘抽奖功能的需求，这个功能要解决的问题是让景区和游客进行现场互动，游客通过抽奖可以抽到优惠券等奖品。

产品经理需要把这个需求落地。那么，如何落地呢？这时，产品经理就要用到高内聚、低耦合思维了。

高内聚是指产品结构中单个模块内的各个元素联系紧密，即一个模块内的代码只完成一个任务。

低耦合是指产品结构内不同模块间的联系弱，关系简单，修改一个模块不会影响另一个模块。

产品经理通过高内聚、低耦合的思维来设计产品，会使产品具有更好的可扩展性和灵活性，避免了后期产品因难以迭代而需要重构的问题。

回到大转盘抽奖的功能需求上，我们来看将需求落地的思考过程。

这里简单做了一个大转盘抽奖活动的业务流程图，如图 3-9 所示。

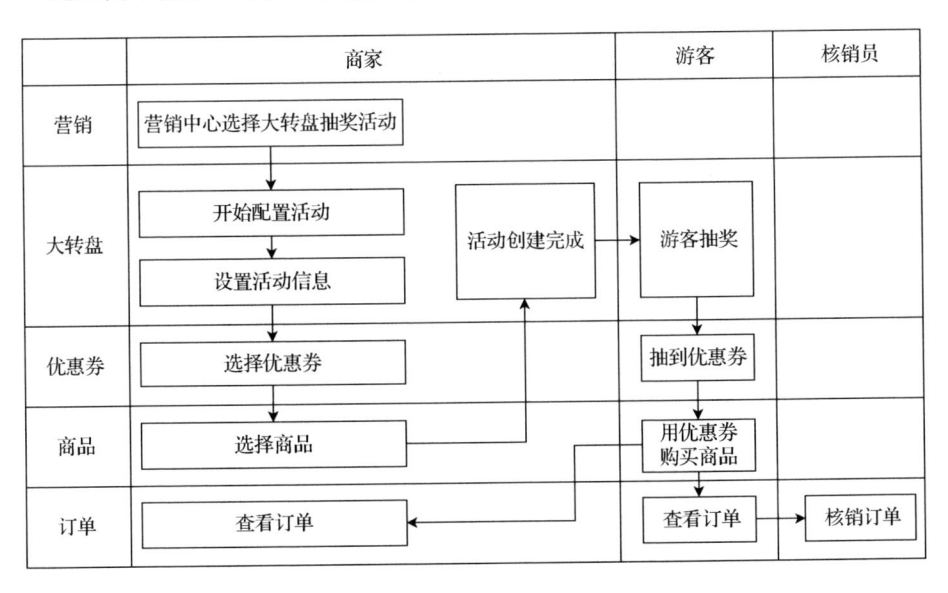

图 3-9 大转盘抽奖活动的业务流程图

在创建大转盘抽奖活动时，需要添加优惠券，而在添加优惠券时要添加商品。

资深的产品经理会知道产品设计要低耦合，让功能模块更聚焦。不能把"大转盘"模块和"优惠券"模块聚合在一起。"大转盘"模块解决大转盘抽奖的问题，"优惠券"模块解决优惠券的问题，"大转盘"模块和"优惠券"模块属于同一层级，二者之间的关系是调用关系。

用这样的思维去设计，就做到了低耦合，会大大降低未来产品的迭代成本。

新手产品经理在设计大转盘抽奖活动时，可能会把"大转盘"模块和"优惠券"模块聚合在一起，这会导致任何一个模块要做修改和迭代时，都会最大限度地影响另一个模块，导致后期的迭代成本非常高，甚至会导致产品需要重构。

因此，我们在设计产品时，要注意运用高内聚、低耦合的思维。

（6）在考虑需求时要回到业务场景。

产品经理在进行产品设计时，要回到业务场景，回到原点去思考，思考用户在什么场景中遇到了什么问题需要解决。

换句话说，业务场景是产品设计的原点，不是基于业务场景设计出的产品可能没有使用价值。

（7）系统稳定是底线。

很多产品人员认为保持系统稳定是技术人员负责的事，甚至从来没有想过这个问题。只有当业务发展到一定的规模并出现大问题时，他们才发现系统稳定的重要性。

如果系统因不稳定而出现了瘫痪情况，就会给客户造成很大损失，也会对SaaS服务商产生很大影响。因此，系统稳定是底线，只有系统稳定了，客户才可以正常使用产品。若系统不稳定，则产品做得再好也是徒劳的。因此，我们要有意识地去管理系统稳定性的问题。

（8）保持高效性。

保持高效性也是SaaS产品设计应遵循的一项重要原则。SaaS产品的价值之一是帮助客户降本增效，如果产品的设计不不合理，让用户使用起来不高效，就会导致用户的工作效率降低，反而违背了产品设计的初衷。

（9）相关名词和注释应通俗易懂。

SaaS产品的设计会涉及很多名词和功能，相关名词和注释应通俗易懂。例如，有的 SaaS 产品的数据统计模块中出现 PV、UV 等名词，没有专业知识背景的客户不明白这些名词的意思，我们可用汉字来表达，即页面浏览量、独立访客。

在同一 SaaS 产品中，不同相关功能的使用说明文档可能出自不同人之手，其语言风格差别较大，没有按设计产品应保持产品的一致性原理去做，这也是不可取的。

本章小结

产品规划是搭建产品框架，产品设计是围绕产品框架填充细节。只有细节工作做到位，SaaS 产品才会表现出应有的生命力。本章主要介绍了以下内容。

- 通过信息架构图的梳理、产品交互设计及产品方案的撰写，基本上可以完成整个产品的闭环设计。
- 产品设计过程中有多种方法可以满足不同客户的个性化需求。
- SaaS 产品设计应遵循 9 项原则。

第 4 章　SaaS 产品研发与管理

> 💡 **本章要点：**
> - 产品研发要注意的问题。
> - 项目管理。
> - 数据收集与分析，持续进行产品迭代。
>
> 在完成 SaaS 产品战略梳理、产品规划、产品设计等工作后，我们就要进入产品研发及产品上线后持续迭代环节了。

4.1 产品研发要注意的问题

在产品设计完成后,我们需要进行产品研发。一般情况下,公司都有自己的研发团队,所以产品经理或者产品负责人在此环节的工作就是和技术人员做好配合,推进产品研发的进度。

在产品研发环节,创业者或者产品人员不会去做具体的开发工作,可以不懂技术,本书也不会介绍与技术相关的内容。不过,在技术研发环节,不管技术开发工作是由外包公司来做,还是由公司自己的团队来做,我们都要特别注意以下两点。

(1)创业者往往认为自己有某个需求,有很多功能想要开发,并把这个需求交给技术人员,认为技术人员开发完,功能就实现了。其实这仅仅是开发的第一步。在功能开发完后,技术上的问题至少还有以下几种需要考虑。

- 性能和负载支撑能力:能支持多少用户什么类型的请求,如系统每秒能支持多少次浏览、多少次下单。
- 稳定性和容错性:系统是否能在异常输入和异常网络中保持稳定,不会因为某些异常情况而崩溃。
- 可持续维护性:后续的维护、升级,以及换人接手是否可以自然地过渡,能否做到低耦合、高复用。

(2)业务的安全性管理。例如,网络安全问题管理、业务风控(包括登录保护、营销反作弊、号码认证等)、反垃圾管理(如智能涉黄处理)等。

4.2 项目管理

本书前面所讲的内容,不管是战略梳理、需求收集、需求分析,还是画原型图、整理文档等,最终的目的都是让产品能以最快的速度上线运行。

如何在资源有限、时间有限的条件下,完成整个产品的闭环,实现上线运行?做好项目管理尤为重要。

那么,如何才能做好项目管理呢?下面从 4 个方面展开介绍。

- 产品落地推进全流程梳理。
- 做好项目质量管理的核心：PDCA 循环。
- 做好项目效率管理的核心：Scrum。
- 项目管理的重点：沟通。

4.2.1 产品落地推进全流程梳理

从大一点的颗粒度来讲，B 端 SaaS 产品从无到有，整个落地推进的全过程主要包括以下三大部分：产品规划、产品设计；UI 设计、开发、测试；上线前、上线后。无论是大型公司还是小型公司，其产品落地推进过程中的业务活动基本都会包括上述三大部分。

从小一点的颗粒度来讲，上述三大部分还可以再细化。

（1）产品规划、产品设计。

这一部分细化后包括如下细节。

- 战略制定。
- 需求挖掘、分析与管理。
- 产品内部需求评审。
- 产品架构设计。
- 绘制功能结构图。
- 绘制信息架构图。
- 绘制原型图。
- 产品设计内部评审。
- 产出一份产品原型设计（及 PRD，由于时间关系，部分公司对 PRD 不做要求）。

（2）UI 设计、开发、测试。

这一部分细化后包括如下细节。

- UI 产品经理对接—UI 设计—UI 设计稿内部评审—UI 设计稿外部评审—产出 UI 设计稿。
- 技术方案设计—技术方案内部评审—技术方案外部评审—确定技术设计方案—写代码—技术部门内部测试。

- 测试团队进行测试—反馈问题给技术人员—技术人员进行修改。

（3）上线前、上线后。

这一部分细化后包括如下细节。

- 制订上线计划。
- 部署上线。
- 开始使用。
- 收集数据，进行产品迭代。

以上细化后的产品落地推进全流程的 16 点只是大概的流程，仅供参考，大家可以根据自己的情况进行取舍。

产品人员只有先把产品从无到有的落地推进全流程的相关业务活动梳理出来，有了一个全局看产品设计、开发周期的框架，才能把项目管理做好。

项目管理的最终目的是希望团队可以花更少的时间高质量地做好项目。

在梳理完产品落地推进全流程后，我们就要围绕产品落地推进全流程思考怎样才能让团队花更少的时间高质量地做好项目。

4.2.2 做好项目质量管理的核心：PDCA 循环

在需求收集阶段，收集到的需求会被放到需求库中，需求库中的需求会形成一个又一个的项目，之后，项目会落到合适的人手中，由其推进落地。如何才能保证项目的质量？我们需要用到项目质量管理常用的一个工具：PDCA 循环。

什么是 PDCA 循环？PDCA 循环是由美国质量管理专家休哈特博士首先提出的，但它是由戴明采纳、宣传的，所以又称戴明环。全面质量管理的基础和方法依据就是 PDCA 循环。

PDCA 循环将质量管理分为如下 4 个阶段。

- Plan（计划），制订项目的计划。在制订项目的计划时，我们主要关心 3 个要素：人、事、时间表，即要规划出在什么时间范围内，由什么人完成什么事。
- Do（执行），即将计划落地执行。
- Check（检查），对项目阶段性的输出成果进行检查，看是否达到预期。
- Act（处理），对检查的结果进行处理，若没有问题，则继续推进工作；若发现问题，则进行修改、完善。

这里将质量管理的 4 个阶段（计划、执行、检查、处理）与产品落地推进全流程的三大部分（产品规划、产品设计；UI 设计、开发、测试；上线前、上线后）结合起来思考。

（1）计划阶段。在将需求转变成项目以后，就要计划出这个项目由哪些人负责，不同的角色分别要在什么时间范围内完成什么事。举例如下。

- 1 月 1—15 日，由产品经理小王负责完成设计，最终产出一份产品原型图。
- 1 月 16—20 日，由 UI 设计人员小张负责完成设计，最终产出一份 UI 设计稿。
- 1 月 21—2 月 10 日，由技术人员小刘主导完成开发，由技术部门内部进行测试，若没有问题，则交给测试人员进行测试。
- 2 月 11—15 日，由测试人员小明完成测试，并最终配合技术人员完成产品上线。

（2）执行阶段。计划被制订出后，还要被落地执行。不同阶段的计划由不同的负责人落地执行。

（3）检查阶段。总负责人或者产品经理需要对每个阶段的产出结果进行检查，看是否达到预期。

（4）处理阶段。总负责人或者产品经理对检查的结果进行处理，若没有问题，则继续推进工作；若发现问题，则让相关人员进行修改、完善。

以上关于产品落地推进全流程与质量管理 4 个阶段的结合的讲解，笔者采用的颗粒度比较大。大家也可以采用较小的颗粒度（前文提到的细化后的产品落地推进全流程的 16 点）。这样做的结果就是大家的工作内容拆解颗粒度就会更小，工作内容会更具体，同时，检查的环节也会增多。

4.2.3 做好项目效率管理的核心：Scrum

为了做好项目质量管理，我们可以利用 PDCA 循环。为了提高项目管理效率，我们可以利用 Scrum。Scrum 是用于管理项目流程的工具，主要包括以下 3 个部分。

（1）3 个角色，分别是产品负责人、Scrum 专家（产品负责人和 Scrum 专家可以是同一个人）、团队成员。

(2) 3 个物件，分别是产品积压、冲刺积压、燃尽图。

产品积压是指在做产品年度规划时，规划中要完成的项目集（需求库中的需求会形成项目，项目集合在一起形成项目集）。

将年度目标拆解成季度、月度甚至周目标，单位时间内计划要完成的项目即冲刺积压。

燃尽图是指已经完成的项目。

(3) 4 个仪式，分别是冲刺计划会、每日站会、冲刺评审会和冲刺回顾会。

冲刺计划会：将年度目标拆解成季度、月度甚至周目标，列明在单位时间内计划要完成的项目目标、冲刺的方法、不同角色完成不同任务的计划。

每日站会：产品负责人要和团队沟通昨天的完成情况、今天打算做什么，以及遇到了什么困难。

冲刺评审会：由产品负责人主持，团队一起评审，交付产品原型图。

冲刺回顾会：回顾过去哪些方面做得好、哪些方面做得不好，以及接下来要做什么。

如何使用 Scrum 提高项目管理效率？下面以案例形式进行说明：把 Scrum 的 3 个部分串联起来介绍一家 B 端业务公司是如何运用 Scrum 提高项目管理效率的。

小李是一家餐饮 SaaS 公司的产品负责人，该公司在年初制订了产品的年度计划，有 100 个需求等待落地推进，或者可以说有 100 个项目等待落地推进（这 100 个项目就是产品积压）。

2 月初，小李和团队的相关人员开会（冲刺计划会），决定要完成 10 个项目（这 10 个项目就是冲刺积压）。

2 月中旬，团队共完成了 6 个项目（这 6 个项目就是燃尽图）。

在项目推进的过程中，小李每天早上上班后都要和团队成员沟通昨天的完成情况、今天打算做什么，以及遇到了什么困难（每日站会）。

在每个项目的产品设计、UI 设计、技术方案设计等关键环节，小李都会参与评审，最终交付不同阶段应该交付的产出物（冲刺评审会）。

在每个项目完成后，小李都会组织团队成员一起回顾过去哪些方面做得好、哪些方面做得不好，以及接下来要做什么（冲刺回顾会）。

事实证明，利用 Scrum，可大幅提高项目管理效率。

4.2.4 项目管理的重点：沟通

产品经理或者产品负责人要和不同部门的成员沟通，包括同级、上级、下级等，如果沟通不到位，就有极大可能影响项目的进度。

如何做好沟通？笔者有几点心得分享给大家。

（1）工作任务是什么？工作质量需要达到什么标准？工作要得到的结果是什么？在多长时间内要出结果？这些问题都要沟通到位，否则就可能造成项目延期、结果不达标等问题。

（2）团队内、外部沟通要做到信息同步，只有让上下游合作伙伴协作好，才能在第一时间掌握相关信息，做好相关工作安排，提前做好风险管理。

（3）在沟通的过程中要有资源意识。当为了完成某个目标而需要某些资源时，应主动去获取资源或者主动去找领导协调资源。

（4）沟通的目的是和他人达成共识，促进合作。

沟通的注意事项：善意说话；告知他人前因后果，获取支持；在语言上避免出现强迫感，在合理的范围内给他人选择的权利；要有同理心，站在他人的角度考虑问题。

4.3 数据收集与分析，持续进行产品迭代

一款 SaaS 产品在上线运营后，还需要持续迭代，而迭代思路的一个重要来源就是数据。数据收集与分析可为产品的迭代提供决策依据。

为了提高决策质量，我们需要系统性地提升数据分析能力。那么，如何系统性地提升数据分析能力呢？我们可以从 4 个方面来思考。

1. 数据指标体系设计

数据指标体系用于指导产品的迭代管理。不同的业务模式、不同类型的产品需要的数据不同，因此数据指标体系的设计不同。

这里提供一个数据指标体系设计的思路——SaaS 产品主要收集两个维度的数据。

第一个维度的数据是与 SaaS 业务经营相关的数据，包括线索数、有效线索

数、已成交客户数、活跃度、留存率、转介绍率等。这个维度的数据可以帮助 SaaS 服务商优化业务经营，帮助产品部门迭代产品，最终帮助 SaaS 服务商获得更多的客户，从而实现更多的营收。

第二个维度的数据是客户关心的数据。假设某 SaaS 服务商的产品可以帮客户解决网上开店和私域流量运营的业务问题，那么该产品需要的数据包括新功能使用率、总销售额、购买客户数、客单价、购买转化率、UV、活动曝光率、活动下单率等。这个维度的数据有利于 SaaS 服务商设计出能帮助客户更好地解决问题的产品。

2．数据的收集

以下两种方法可用于收集数据。

（1）借助专业的产品来收集数据，如神策、友盟等软件。

（2）将专业的事交给专业的人做，我们只需把数据指标体系整理出来告诉技术人员，技术人员就会帮助我们收集我们需要的数据。

3．常用的数据分析方法

在收集到数据之后，我们要进行数据分析，才能让数据对产品迭代有所帮助。那么，数据分析该怎么做？常用的数据分析方法有以下几种。

1）拆解分析法

拆解分析法是指将核心指标拆解成细节环节指标，以判断问题/机会会出现在哪些环节。例如，销售额这个指标可被拆解成如图 4-1 所示的指标。

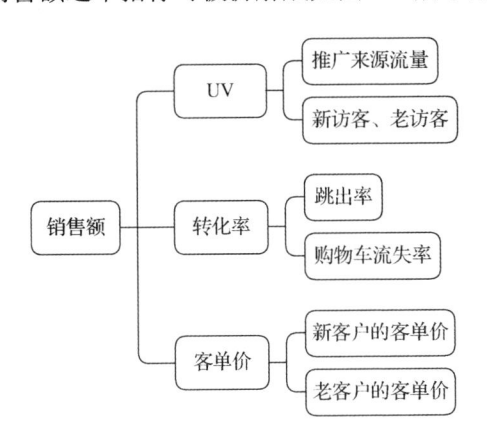

图 4-1　销售额指标的拆解

2）漏斗分析法

漏斗分析法在 C 端产品中很常用，企业级的 SaaS 产品也常常使用漏斗分析法来提高转化率。在漏斗分析法中，常用的模型有 AISAS 模型和 AARRR 模型。

AISAS 模型包括注意（Attention）、兴趣（Interest）、搜索（Search）、行动（Action）及分享（Share）5 个阶段，即从用户接收信息到引起用户关注，再到用户搜索该信息、下单支付及最后主动分享的过程，如图 4-2 所示。

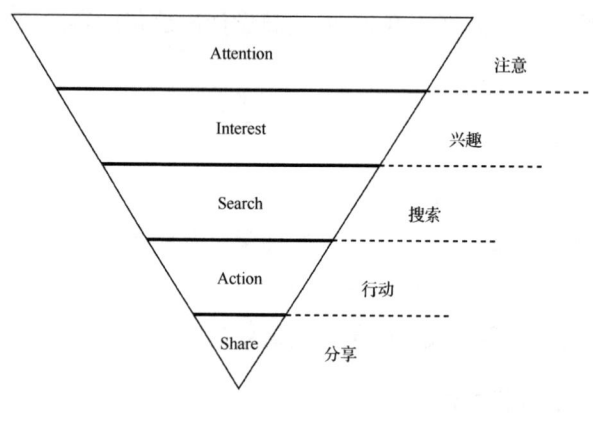

图 4-2　AISAS 模型

AARRR 模型包括拉新（Acquisition）、促活（Activation）、留存（Retention）、转化（Revenue）及传播（Referral）5 个阶段，即从获取用户到激活用户，再到用户认为产品可以持续为自己提供价值而留下来，并因用户长期活跃而让产品获得商业变现，最后令用户传播的过程，如图 4-3 所示。

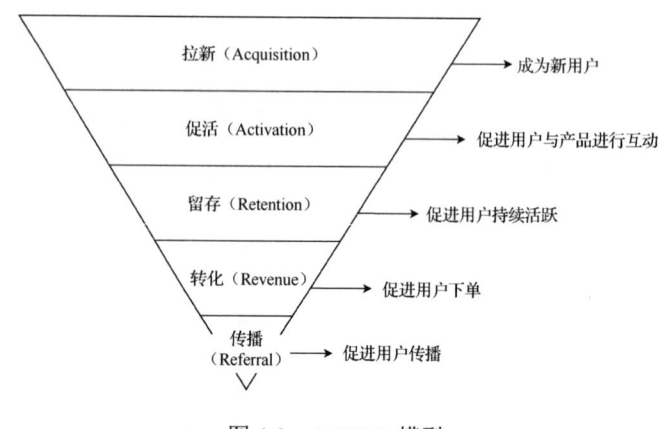

图 4-3　AARRR 模型

3）对比分析法

对比分析法是数据分析中比较常用的方法。通过对两个或两个以上的数据进行比较，可以发现其中的差异，从而找到解决问题的办法。

例如，渠道 A 和渠道 B 的对比（拉新、促活、留存、转化、传播方面的对比）。

从渠道 A 引入 100 000 个用户，单个用户成本为 3 元，被激活的用户为 50 000 个，最终留存下来的用户为 5000 个，单个留存用户成本为 60 元，贡献收入的用户为 1000 个，单个付费用户成本为 300 元。

从渠道 B 引入 50 000 个用户，单个用户成本为 10 元，被激活的用户为 45 000 个，最终留存下来的用户为 25 000 个，单个留存用户成本为 20 元，贡献收入的用户为 15 000 个，单个付费用户成本约为 33 元。

这样就能找到两组数据之间的差异，为下一步的工作提供决策依据。

4．得出结论，持续优化产品

对于一款 SaaS 产品，我们在建立了关键的数据指标体系，收集到想要的数据后，通过数据分析，就会发现产品中存在的问题。之后，我们需要围绕问题给出新的产品解决方案，进行产品的迭代升级。

补充说明：设计数据指标体系，分析数据的价值不是让我们追逐数据、依赖数据，数据只是一个发现问题的视角，真正要解决问题、做好产品，还是要回到现场，面对真实的客户。

本章小结

本章重点介绍了产品研发过程中要注意的几个问题、如何做好项目全生命周期的管理、数据对产品设计的价值，以及如何运用数据迭代产品。

第 5 章　综合案例：从 0 到 1 规划与设计 SaaS 产品

> 💡 **本章要点：**
> - 方向。
> - 破局点。
> - 框架性的产品路径规划。
> - 需求的收集及分析。
> - 产品架构搭建。
> - 页面及功能设计。
> - 种子期客户运营。
>
> 前文详细讲了 SaaS 产品的战略、规划、设计、研发与管理，为了便于大家更深层次地理解这些内容，本章会以案例形式一步步演示如何从 0 到 1 规划与设计 SaaS 产品。

5.1 方向

李三之前在某景区担任总经理，其主要工作职责是管理景区的日常经营。2017年年初，李三嗅到了互联网助力传统企业向互联网化转型升级的市场机会，于是他辞掉了工作，开始投身互联网行业，进入 SaaS 赛道，开启自己的第一次互联网创业。

李三开始创业面临的第一个问题是选哪个方向来创业，他需要找准行业、目标人群及产品的定位。此时，产品方向的选择至关重要。

李三通过综合评估，选择了给旅游资源方做私域流量打造及 SaaS 信息化系统方向。

李三为什么最终选择了这个方向来创业？因为他主要评估了以下几点。

- 市场细分及评估。
- 目标客户面临的问题。
- 3C 模型。

1. 市场细分及评估

创业者首先要做的就是选择一个有利的细分市场，所以李三需要先进行 SaaS 赛道的市场细分。在经过市场细分后，李三认为除了旅游行业，自己对其他行业都不熟悉，资源积累也不足，于是选择了旅游行业。

然后，李三对旅游行业的整个产业链进行分析，他认为旅游产业链大致可以分为 4 个环节：上游供应商（包括景区、酒店等）—渠道商—媒介和营销平台—用户。

在分析完以后，李三认为上游供应商有"痛点"，有许多问题待解决，并且自己也熟悉这方面的市场，且市场容量大，于是最终决定为上游供应商提供 SaaS 服务。

2. 目标客户面临的问题

目标客户面临的问题主要集中在以下几点。

（1）获客主要依赖 OTA 渠道，每个渠道都需要单独运营，需要随时修改余票数量，非常麻烦。

（2）OTA 渠道收取的佣金较高，而且拿不到平台上已产生交易的用户的数据。

（3）很多客户在线下进行交易时，还依靠人工手动操作，费时费力。

（4）想建立自己的私域流量池，以期通过私域流量的运营，以更低的成本卖出更多商品。

3. 3C 模型

3C 分别是自家公司（Company）分析、竞争对手（Competitor）分析，以及客户（Customer）和市场分析。

基本上任何新业务、新事业线、新产品的启动都会用到 3C 模型。

李三在考虑自己公司的情况时，认为自己在对旅游行业的认知、行业资源的积累上有一定的优势，想寻找有互联网行业工作经验的朋友合伙创业。

在考虑竞争对手时，李三认为目前处于行业互联网化发展的初期，给旅游资源方提供 SaaS 服务的商家不多，暂时构不成直接威胁；而且李三没发现给旅游资源方提供私域流量打造服务及 SaaS 信息化系统的 SaaS 服务商。

在考虑客户时，李三发现客户目前有很多问题需要通过互联网的方式来解决，同时旅游行业的市场容量大，且市场呈现快速增长趋势。

于是，李三选择了给旅游资源方提供私域流量打造服务及 SaaS 信息化系统的方向。

5.2 破局点

再华丽的战略布局也需要用"开鱼刀"来迅速开局，才有机会实现战略目标。

李三虽然确定了公司的方向是给旅游资源方提供私域流量打造服务及 SaaS 信息化系统，但这个方向需要解决的问题不少，需要消耗的时间也不少，因此他必须找到一个破局点来迅速开局。因此，李三做了以下两点思考。

- 先服务哪类旅游资源方。
- 先帮助旅游资源方解决什么问题。

1．先服务哪类旅游资源方

旅游资源方包括景区、农庄、度假村、酒店、政府等。其中，景区的客流量较大，为 SaaS 产品付费的可能性相对更大；至于政府，李三认为初期不太容易达成合作，而其他旅游资源方对 SaaS 产品的需求程度较低，因此最终决定先服务景区。

2．先帮助旅游资源方解决什么问题

先帮助旅游资源方解决什么问题即在给景区提供私域流量打造服务及 SaaS 信息化系统这个方向下，要思考优先帮助景区解决什么问题。

可以做的系统有门票系统、住宿系统、餐饮系统、特产系统、连接 OTA 系统、营销活动系统、客户关系管理系统，以及其他如数据、订单等支撑业务发展的基础系统。其中，门票系统不仅是业务中最基础的需求，还是高频需求，因此李三最终将给景区做门票系统作为破局点，以解决景区线上卖票的问题。

5.3 框架性的产品路径规划

框架性的产品路径规划是一件非常重要的事，创业者或者产品负责人必须根据战略需要、客户需求的优先级、市场竞争格局、团队资源情况等进行综合评估，做出产品路径规划。

李三在综合评估完以后，把需要做的系统（门票系统、住宿系统、餐饮系统、特产系统、连接 OTA 系统、营销活动系统、客户关系管理系统）做了排序，排序结果如下。

- 门票系统。
- 营销活动系统（部分功能）。
- 客户关系管理系统。
- 住宿系统、餐饮系统、特产系统。
- 连接 OTA 系统。

这样排序背后的思考逻辑如下。

（1）之所以把门票系统排在第一位，是因为它是战略落地的一个有利破局点

（在打造门票系统的过程中，其他如数据、订单等支撑业务发展的基础系统也会随之被设计、研发出来）。

（2）之所以把营销活动系统排在第二位（只是设计、研发关键的几个营销活动功能，而不是要把全部所需营销活动功能都设计完），是因为在有了门票系统后，在景区自己的私域流量体系中还需要有营销活动功能来满足促销、裂变、提高客单价等需求。

（3）之所以把客户关系管理系统排在第三位，是因为客户关系管理系统的核心亮点是帮助旅游资源方打造及运营私域流量，而在打造及运营私域流量时，需要进行客户全生命周期的管理，因此就需要设计、研发出客户关系管理系统。

（4）通过门票系统、营销活动系统、客户关系管理系统的打造，李三基本上把要完成的重要任务都完成了。李三主要服务的客户是景区，从长远来讲，李三要服务的客户除了景区，还有农庄、度假村、酒店等旅游资源方，而这些旅游资源方的业务体系包含的业务都是吃、喝、玩、乐、游、购、娱。因此，把住宿系统、餐饮系统、特产系统排在了第四位。

（5）连接 OTA 系统被排在最后，这是因为这个系统对客户来讲只是一个提高效率的工具（客户可以通过这个系统将其产品一键同步到 OTA 渠道，用户通过 OTA 渠道下的订单也可以通过这个系统被客户统一收到）。

关于产品路径规划，这里讲的是一个比较粗线条的排序思路，更具体的产品路径规划需要列出 3 个要素：人、事、时间表。也就是在战略目标的指导下，什么人在什么时间范围内完成什么事。具体内容见 2.6 节。

5.4 需求的收集及分析

在需求的收集及分析环节，我们需要深入了解客户需求，了解每个角色日常工作的流程。关于需求收集的内容，读者可以参阅 2.2 节。

李三通过已有资源联系到了景区 A，于是李三及其团队到景区 A 的现场进行了深度调研。景区的需求收集维度包括 7 个，分别为客户画像、调研角色、核心关注点、工作职责、核心工作流、相关度、影响度。

（1）客户画像。这是一家位于北京某郊区的小景区，需要收取门票费用，主要给游客提供观光、游乐项目、餐饮、住宿服务，年均营业额为2000万元，目前卖票主要靠OTA渠道、商务合作引流。

（2）调研角色。需要调研的角色有总经理、运营负责人、检票员、游客（为了便于读者理解，这里只围绕门票系统做调研，对其他业务系统的调研不做介绍）。

（3）核心关注点。总经理的目标是经营好景区，让景区盈利；运营负责人的目标是低成本地吸引更多游客来景区消费；检票员的目标是有序地完成检票工作；游客的目标是在网上查到景区门票的相关信息，并购买门票。

（4）工作职责。总经理的工作职责是管理好钱、人、景区；运营负责人的工作职责是管理好门票售卖工作；检票员的工作职责是帮助游客检票入园；游客的任务是购买门票，以及到现场出示检票二维码。

（5）核心工作流。总经理的工作流：查看数据—与财务人员对账—提现；运营负责人的工作流：发布门票—管理门票；检票员的工作流：检验门票—核销门票；游客的工作流：查看门票—购买门票—核销入园—离开园区。

（6）相关度。总经理的相关度为中，运营负责人的相关度为高，检票员的相关度为高，游客的相关度为高。

（7）影响度。总经理的影响度为高，运营负责人的影响度为中，检票员的影响度为低，游客的影响度为低。

以上收集到的需求主要集中在第五个维度，即核心工作流维度。

接下来，李三及其团队需要对收集到的需求进行分析，可运用业务流程和业务场景来进行需求分析。至于如何运用，读者可以参阅2.3节的内容。

这里省略了中间的分析过程，直接给出结果（结果有所删减，仅供参考，不具有实际使用价值）。通过需求分析得到的景区A的全场景需求如表5-1所示。

表5-1 景区A的全场景需求

分 类	场 景	用 户	需 求
入园前	场景1	运营负责人	发布门票、管理门票
	场景2	游客	查看门票的相关信息，提前购买门票
入园中	场景3	游客	到景区检票入园
	场景4	检票员	帮助游客检票入园
	场景5	游客	入园游玩
游园后	场景6	游客	游园结束后离开景区

5.5　产品架构搭建

李三知道 SaaS 产品架构搭建得好坏对产品未来的迭代影响非常大，因此尽最大可能考虑未来的需求场景，并妥善给出了"既考虑当下，又考虑未来"的产品架构解决方案。最终搭建出的景区 A 的 SaaS 产品架构如图 5-1 所示（产品架构的搭建方法详见 2.5 节）。

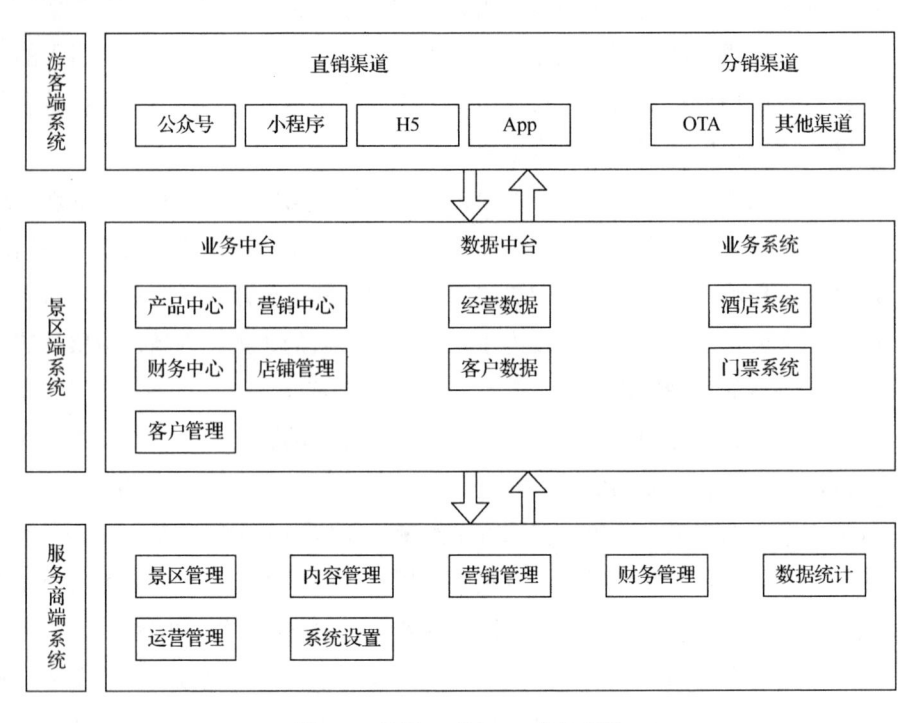

游客端系统	直销渠道				分销渠道	
	公众号	小程序	H5	App	OTA	其他渠道

景区端系统	业务中台		数据中台	业务系统
	产品中心	营销中心	经营数据	酒店系统
	财务中心	店铺管理	客户数据	门票系统
	客户管理			

服务商端系统	景区管理	内容管理	营销管理	财务管理	数据统计
	运营管理	系统设置			

图 5-1　景区 A 的 SaaS 产品架构

5.6　页面及功能设计

页面及功能设计环节要做的事主要有以下几件。
- 把需求转换为功能。
- 梳理出功能结构图。

- 梳理出信息架构图。
- 梳理出功能使用流程。
- 梳理出完成功能使用流程需要几个页面。
- 绘制相关节点完整的页面。

李三及其团队要做的第一件事是把已经收集到的需求转换成功能；第二件事是把一系列功能分门别类地组合在一起，形成功能结构图；第三件事是进一步拆解功能结构图，形成信息架构图；第四件事是围绕每个角色，把每个角色的功能使用流程梳理出来；第五件事是梳理出为了完成功能使用流程包含的功能，需要设计几个页面；第六件事是绘制相关节点完整的页面（关于具体操作细节，读者可参阅第 4 章的内容）。

设计完成的产品由技术人员负责开发，在技术人员开发完成后，由测试人员进行测试，通过测试即可上线。

5.7 种子期客户运营

在寻找破局点时李三就已经梳理清楚，其 SaaS 产品要服务的第一批客户是景区，因此其 SaaS 产品在上线后要围绕景区客户进行相应的获客、转化、深度服务工作。

第一批客户主要由李三利用其人脉资源来拓展，因为李三有旅游行业的工作经验，积累了相关景区的资源。此外，李三还想通过地推的方式逐一拓展客户，甚至想通过商务合作的方式去拓展客户。

李三特别重视客户成功服务，为获取到的客户提供了深度代运营服务，通过代运营帮助客户解决了更多的业务问题（因为自身的产品功能还不足，所以必须通过提供代运营服务来弥补）。

李三知道，在 SaaS 产品从 0 到 1 的阶段，代运营服务需要做重一点，只有与客户进行深度合作，才能发现客户更深层的需求，才能把需求转换为产品并进一步完善产品。

本章小结

本章用一个真实的案例讲解了如何从 0 到 1 完成 SaaS 产品的规划与设计，具体包括的内容如下。

- 如何为 SaaS 产品找方向。
- 在找到方向后，如何寻找破局点，以进行战略落地推进。
- 框架性的产品路径规划怎么做。
- 如何做好需求的收集与分析。
- 在战略框架下产品架构搭建怎么做。
- 具体的页面及功能设计怎么做。
- 在产品上线后，种子期客户运营怎么做。

第 2 部分

SaaS 获客、转化、客户成功服务

第 6 章　SaaS 如何搭建获客系统

> 💡 **本章要点：**
> - 不同阶段的获客目标。
> - 拆解获客系统。
> - SaaS 获客全流程的梳理。
> - 不同客户类型的 SaaS 获客思路。
>
> 对于 SaaS 产品，获客系统的搭建是非常重要的。如何搭建获客系统呢？我们可以从不同阶段的获客目标、拆解获客系统、SaaS 获客全流程的梳理、不同客户类型的 SaaS 获客思路方面来思考。

6.1 不同阶段的获客目标

SaaS 产品和 To C 产品一样，我们在开始落地运营之前，需要先找到产品的核心数据指标，也就是北极星指标。

北极星指标，顾名思义，就像是北极星一样高高闪耀在天空中，在纷杂的产品世界中指引产品方向的核心数据指标。不同的产品，其北极星指标不同。

例如，类似美颜相机这样的产品，其北极星指标可能是用户完成修图的次数；类似石墨文档这样的产品，其北极星指标可能是用户使用次数；类似滴滴出行这样的产品，其北极星指标可能是司机接单次数。

问题看似简单，能思考清楚的人却是少数。

笔者曾听说过一个反面的例子。有一位做装修生意的创业者听说社群运营比较火，于是开始招人做社群运营。在做社群运营的过程中，这位创业者让做社群运营的人员想各种办法提高社群活跃度，从而提高客户留存率。

装修生意的北极星指标是什么？是利润。装修是低频消费的生意，提高客户留存率和北极星指标（利润）有什么关系？显然二者的关系不大。

因此，找到北极星指标是一件重要的事，没有清晰的目标，再有效的执行也是在增加成本。

对于 SaaS 产品，从长期经营的角度来讲，北极星指标是客户生命周期价值。不过，不同发展阶段的 SaaS 产品，其北极星指标会有所不同。本书第 2 章介绍过，一款 SaaS 产品的发展大概可以分为 4 个阶段，分别为 MVP 阶段、PMF 阶段、快速成长期和成熟期。

（1）MVP 阶段的北极星指标：找到一小部分目标客户参与进来，打造出一款可用的产品。

（2）PMF 阶段的北极星指标：再获取一定数量的目标客户来使用产品，根据客户的需求反馈，不断打磨产品，让产品可卖。

我们可以看到，在 MVP、PMF 阶段，获客的北极星指标都和订单、利润、客户生命周期价值这些指标没什么关系。在这两个阶段，我们基本上不考虑获客成本及利润问题，只考虑和获取到的客户"碰撞"，打磨出一款好的 SaaS 产品。

(3）快速成长期的北极星指标：在销售毛利润为正数的前提下，获取更多订单。只有在销售毛利润为正数的前提下去获取更多的订单，才能实现可持续发展。

经过 PMF 阶段后，产品就可以对外销售，以获取更多的订单。

不过，这里有一个约束条件，那就是销售毛利润为正数。如果销售团队的毛利润为负数，公司就去大规模地扩大市场，那么获取的订单越多，亏损就越多。

销售毛利润的计算公式如下：

销售毛利润=年度营收-销售部门的费用-市场部门的费用-客户成功服务费用

年度营收是指一年的营收，不包括第二年的客户续费。

销售部门的费用包括销售人员的基本工资、提成、五险一金，以及管理层的薪资、办公运作费用。

市场部门的费用包括市场人员的基本工资、提成、五险一金，管理层的薪资、办公运作费用，以及市场部门的投放费用。

客户成功服务费用包括客户成功服务团队人员的基本工资、提成、五险一金，管理层的薪资、办公运作费用。

从理论上讲，销售毛利润为正数是最好的状态。不过，考虑到在一个细分赛道中，公司有投资人的投资及竞争对手，为了在更短的时间内抢占市场，公司可以在其年度营收大于其销售部门的费用的情况下就扩大市场，获取更多订单。而市场部门的费用、客户成功服务费用则属于战略性亏损投入。

但是，如果年度营收小于销售部门的费用，那么笔者不建议公司扩大市场，因为此时公司扩大市场，服务的客户越多，亏损就越多，那么哪怕获得了资本市场的投资，也很难持续下去。

（4）成熟期的北极星指标：全面实现盈利。

为了全面实现盈利，我们需要考虑以下 3 个因素。

第一个因素：客户质量。

如果客户质量不高，那么销售线索获取成本、销售成本、客户成功服务成本都会很高，同时客户生命周期价值不高。因此，高质量的客户是全面实现盈利的重要因素。

第二个因素：获客成本。

降低获客成本可以大大提高公司的盈利。后文将要讲到的 SaaS 如何进行线索拓展、销售管理都是希望通过使用标准方法，降低获客成本。

第三个因素：客户生命周期价值。

为了实现公司持续盈利，公司需要关注 SaaS 产品的客户生命周期价值，评估出客户在其生命周期内能给公司带来多少价值。

6.2 拆解获客系统

在拆解获客系统之前，我们需要先记住几个重要的营收公式：

营收=新客户营收+老客户营收

新客户营收=销售线索×线索转化率×客单价

老客户营收=客户续约+增购

也就是说，营收=（销售线索×线索转化率×客单价）+（客户续约+增购）。其中，销售线索由市场部门负责获取。市场部门需要给销售部门提供有效的销售线索。市场部门的核心考核指标是其提供的有效销售线索的数量。

线索转化率由销售部门负责。销售部门需要把市场部门提供的销售线索进行转化。销售部门的核心考核指标是付费客户数。

客户续购和增购由客户成功部门负责。客户成功部门需要服务好已经付费的客户，帮助客户成功，最终实现让客户续购或增购。客户成功部门的核心考核指标是客户续购+增购数。

市场部门、销售部门、客户成功部门这 3 个部门既独立又相互有关联。独立的是这 3 个部门都需要负责不同的指标，每个部门都有自己闭环内的指标需要完成。有关联的是这 3 个部门都有共同的指标（销售收入）需要完成，在公司对部门进行考核时，这 3 个部门会产生连带关系。例如，市场部门的部分绩效与销售部门的付费客户数有关；销售部门的部分绩效与客户成功部门的客户续购+增购数有关。

在知道了获客系统由市场部门、销售部门、客户成功部门构成后，我们需要进行 SaaS 获客全流程的梳理。

6.3　SaaS 获客全流程的梳理

SaaS 获客全流程的梳理要解决的问题是整理出 SaaS 获客全流程中的各个关键节点。

To C 获客的转化全流程是什么？我想大家应该会想到 AARRR 模型：拉新—促活—留存—转化—传播。

SaaS 获客全流程是获取客户—付费转化—客户服务。

这里以一款服务中、小型商家的营销类的 SaaS 产品为例，详细介绍 SaaS 获客全流程的思考逻辑。

（1）SaaS 服务商通过组建地推团队开始进行地面覆盖，拉新获客。

（2）在完成地面覆盖以后要实现商家转化，使商家注册、使用产品。

（3）在商家使用产品的过程中，SaaS 服务商开始给商家进行培训，并解答商家在产品使用过程中遇到的问题。

（4）在商家免费使用产品一段时间以后，SaaS 服务商开始引导商家付费。

（5）在商家付费以后，SaaS 服务商给商家提供各种服务支持。

（6）在商家使用产品的过程中，SaaS 服务商持续提供服务。商家认为 SaaS 产品和服务不错，在到达续费期时，成功续费。

其中，（1）属于获取客户，（2）～（4）属于付费转化，（5）和（6）属于客户服务。

SaaS 获客全流程的思考逻辑是 SaaS 赛道通用的思考方法，不同业务逻辑的 SaaS 产品，其获客方法各有侧重，相应的做法也会不同，详细内容见 6.4 节。

6.4　不同客户类型的 SaaS 获客思路

从客户规模角度来划分，可以将 SaaS 产品的客户类型分为三大类：大型客户、中型客户和小型客户。

客户类型不同，获客思路就不同。同一 SaaS 服务商服务的客户可能包括大型客户、中型客户、小型客户，也就是说，同一 SaaS 服务商可能会同时运用 3 种获客思路。

第6章　SaaS如何搭建获客系统

1. 大型客户的获客思路

SaaS服务商可以参考这样的获客思路：利用人脉获取销售线索—解决方案式面销—高级客户成功服务。

针对大型客户，销售线索不再主要来源于市场部门，而是来源于人脉（市场部门在其中起的主要作用是提升品牌知名度及进行市场教育）。

在获取销售线索后，专业的销售人员跟进销售线索，通过线下面销的方式，多次与客户反复沟通、确定需求，并给出合适的解决方案，最终成交。

在成交以后，SaaS服务商会派高级客户成功团队来为客户提供相应的服务，助力客户成功。

2. 中型客户的获客思路

SaaS服务商可以参考这样的获客思路：获取销售线索—电销/面销—中级客户成功服务。

针对中型客户，首先，市场部门会通过渠道合作、广告投放、内容营销等方式获取有效的销售线索，让客户开始免费试用产品。

然后，销售部门通过线上沟通、电话销售、线下面销等方式进行客户成交转化。

最后，SaaS服务商会派出中级客户成功团队来为客户提供服务，助力客户成功。

3. 小型客户的获客思路

小型客户的来源主要有两种：线上获取和线下获取。

针对线上获取的小型客户，SaaS服务商可以参考这样的获客思路：线上流量运营—自助交易—初级客户成功服务。

针对线上获取的小型客户，SaaS服务商可以采用一些低成本的线上拓客方式来获取流量。

客户在注册并体验到产品价值后可自行下单，这个过程可以不用销售部门跟进。

不用销售部门跟进的原因主要有两个。

原因1：小型客户的客单价较低，受众广泛，所获取的收入不足以支撑销售部门的成本费用。

原因2：由于客单价低，产品简洁、易用，因此客户自行下单的可能性很大。

针对线下获取的小型客户，SaaS服务商可以参考这样的获客思路：线下拓展—线下成交—初级客户成功服务。

针对线下获取的小型客户，SaaS服务商可以通过线下地推的方式拓展客户，在线下成交，并给大量已成交的客户提供初级客户成功服务。

本章小结

在思考如何搭建SaaS获客系统这个问题时，我们需要制定出SaaS产品不同发展阶段的北极星指标，拆解整个SaaS获客系统，参考通用的SaaS获客思路及不同客户类型的SaaS获客思路。

第 7 章　SaaS 如何进行线索拓展

本章要点：

- 对客户线索的理解。
- 客户画像。
- 线索团队的组建及绩效考量。
- 获取线索的 3 种方法。

SaaS 业务要想增加营收，除做好产品之外，还要做好获客。在整个获客系统中，第一步要做的是进行线索拓展，只有获取到了线索，才有可能发生后续的转化、客户成功服务、客户增购等事件。

因此，本章会重点讲解线索拓展的一些思路。

7.1　对客户线索的理解

客户线索是什么？不同的人、不同类型的公司、处于不同发展阶段的公司都会给出自己不同的理解，但总体上对客户线索的理解主要有 3 类。

- 市场部门通过各种方式获取到的客户的联系方式为客户线索。
- 市场部门会对获取到的线索进行需求确认，经确认的线索为客户线索，或者叫作市场验证后的有效线索。
- 市场部门将其获取到的有效线索转交给销售部门，销售部门进行线索验证后认可的线索为客户线索。

以上 3 种对客户线索的理解，笔者更认可第二种，即客户线索是指市场部门获取到的有效线索。原因有以下两点。

- 第 6 章介绍过，SaaS 获客全流程是获取客户—付费转化—客户服务，它们分别对应 3 个不同的部门，而获取客户线索理应由市场部门负责（线索由销售部门自拓展的业务除外）。
- 线索质量有好有坏，市场部门初步获取到的线索可能不是线索，通过验证的线索才能成为真正意义上的线索。

7.2　客户画像

获取客户线索，第一步需要做什么？当然是了解 SaaS 产品对应的客户是谁，勾画出客户的基础信息，即制作客户画像。不管 SaaS 赛道的从业者是产品人员、运营人员，还是市场人员，其第一步都应该是制作客户画像。只有先去了解自己的客户，才能更好地推进下一步的工作。

笔者认为，SaaS 产品的客户画像主要从行业特征、企业特征、关键人特征（职业属性+个人画像）3 个方面来制作。

下面以案例的形式介绍如何制作 SaaS 产品的客户画像。某乡村旅游 SaaS 营销工具产品的客户画像如下。

（1）行业特征。

所属行业：乡村旅游行业。

行业互联网化程度：较弱。

（2）企业特征。

地理位置：北京。

规模：大型企业，年营收在千万元级别。

主要业务：吃、住、娱乐、游玩、特产。

业务消费频率：低。

（3）关键人特征。

决策人：企业老板、业务线负责人。

希望解决的问题：私域流量精细化运营，提高经营业绩。

决策人个人画像：年龄在 45 岁左右，性别以男性居多，工作年限在 10 年以上，喜好交友。

对于 SaaS 产品的客户画像，大家可以根据自己的行业、业务的特征有针对性地进行调整和细化。

7.3 线索团队的组建及绩效考量

在 SaaS 赛道中，线索团队是一个独立的团队。对拥有技术或者产品背景的创业者来讲，组建线索团队最好的方法是找一个拥有丰富的客户线索获取经验的人负责线索团队的组建。

线索团队的绩效如何考核？最简单直接的方法是按获取的线索数量进行考核。但是，通过这种方法进行考核存在很大的问题，最终可能导致线索团队的动作变形。也就是说，线索团队可能会为了追求线索数量而让线索库中产生很多低质量、毫无价值的线索，这样不仅不能带来收入，还会增加市场部门、销售部门的工作量。

更合理的考核方法是，按照经市场部门验证后的有效线索数量进行考核。虽然这比按获取到的线索数量进行考核好了很多，但仍然会有一定的问题，因为获取线索是为了成交，而按照经市场部门验证后的有效线索数量进行考核，与最终能否成交没有直接因果关系。因此，我们还可以选择更优的考核方法。

更优的考核方法是，按照最终的成交情况进行考核，这样既能将线索团队与销售团队的利益绑定，促进两个团队的深度合作，又能让线索团队的绩效考核与最终的成交指标有直接关系。

7.4 获取线索的 3 种方法

在将客户线索定义清楚并知道要找的客户是谁以后，我们就要开始获取线索。获取线索的方法主要有内容运营、活动运营、渠道获客 3 种。

7.4.1 内容运营

如何通过内容来获取线索？我们可以从以下 6 个方面来思考。

1. 内容的本质

内容的本质是什么？内容的本质在于解决客户的焦虑。

正如《奇葩说》节目的创始人马东所讲的，内容是关乎人心的产品，所以天时不在于你在哪个时间做了什么，最重要的是，你是否把握住了人们目前关心的焦虑是什么。

所以，从本质上讲，不管你写的是与客户有关的内容，是与行业有关的内容，还是与自己的产品有关的内容，内容都是在解决客户的焦虑问题，并在解决客户焦虑的过程中实现自己的商业目的。

优质且能解决或缓解客户焦虑的内容能够影响其读者，甚至可以影响整个行业的发展，进而为整个行业带来价值。

2. 内容规划

为了完成内容运营获客的目标，我们需要进行内容规划。关于内容规划，我们可以通过以下 3 个维度的思考来得到最终想要的内容规划方案。

（1）内容的切入点。

怎么找内容的切入点？找内容的切入点，就是找 SaaS 服务商的战略需求与客户需求的结合点。

例如，某 SaaS 服务商的战略定位是通过软件+硬件+代运营服务助力餐饮企业的业绩增长。该 SaaS 服务商希望可以用软件+硬件+代运营服务这一套解决方案帮助客户解决问题，助力客户实现业绩增长，并且客户愿意为这一套解决方案付费；客户的需求是如何做好营销、做好运营、做好经营等。那么，关于餐饮行业的变化，餐饮企业如何营销、如何运营、如何经营等方面的内容就是内容切入点。

（2）客户焦虑心理的 5 个阶段。

客户焦虑心理的 5 个阶段如下：认知阶段、产生需求阶段、考虑阶段、选择方案阶段、使用阶段。

SaaS 相关工作人员要写的内容就是如何围绕这 5 个阶段缓解客户的焦虑心理。

第一个阶段：认知阶段。在这个阶段，客户知道自己有很多不知道的信息，渴望了解与自己和自己的业务有关的新信息。一般来讲，SaaS 相关工作人员输出的内容只要和客户有关，就能引起客户的注意，从而引起客户的兴趣。

例如，某 SaaS 产品是帮助客户解决大数据问题的，那么不管是大数据的相关内容，还是写给决策人（产品经理）看的如"产品经理相关技能 100 讲"等内容，一般来讲都能引起客户的注意。

第二个阶段：产生需求阶段。在这个阶段，客户要么在实际工作中遇到了困难；要么有一个理想的目标，希望通过一些方法来实现。此时，客户会去看各种方法论、意见领袖的意见等文章，在学习的过程中逐渐明确自身的需求。这时，SaaS 相关工作人员主要输出的内容可以有各种方法论、行业趋势分析等文章。

第三个阶段：考虑阶段。在这个阶段，客户已经产生了一定的需求。此时，SaaS 相关工作人员需要做的是持续对客户线索进行培育，传递更多建立教育、信任的内容，如客户成功案例、行业白皮书等内容都是合适的。

第四个阶段：选择方案阶段。在这个阶段，客户已经有了明确的需求，也对解决需求的解决方案有了认可，客户要在多种方案中进行选择。这时，SaaS 相关工作人员需要输出的内容有客户成功案例、成本优势、风险及形象优势等方面的内容。

第五个阶段：使用阶段。在这个阶段，客户开始使用产品，SaaS 相关工作人员的工作重点是帮助客户成功，因此需要输出能帮助客户提高业绩的战略思考能力、使用产品功能的能力，最终解决业务问题的相关内容。

B端客户的决策周期长，只有把客户的不同阶段梳理出来，并针对各个阶段进行内容的输出，才能做到高效率的内容运营。

（3）内容的类型。

内容的类型主要有以下几种。

- 300字以内的短文案。
- 3000字以上的深度长文。
- 电子书。
- 纸质书。
- 音频。
- 视频。
- 直播。

由于受预算和资源的影响，一般大多数SaaS服务商在做内容运营时，采用的内容类型是300字以内的短文案和3000字以上的深度长文。内容运营做得不错的SaaS服务商，以上7种类型的内容都会输出。

关于内容规划，通过内容的切入点，我们可以知道内容的范围、边界和重点，之后根据客户在5个阶段的不同心理状态输出有针对性的内容。也就是说，内容规划的核心是先找到内容的切入点，然后根据客户不同阶段的焦虑心理输出有针对性的内容。

3．内容生产

在了解了内容的本质并做好内容规划后，我们要进行内容生产。内容生产的主要流程如下。

（1）判断要产出的内容要解决客户哪个阶段的问题。

（2）发现各个阶段客户的问题有哪些。

（3）找出在发现的客户的问题中，目前最想解决哪一个。

（4）开始选题。

（5）寻找资料。

（6）撰写内容。

（7）优化内容。

（8）发布内容。

（9）传播内容。

其中，选题是整个流程中权重比较大的一个环节，很多时候选题做得好不好，基本上可以决定一篇文章的命运。换句话说，选题不错，哪怕内容差一点，文章的阅读量和转发量也会比较可观；选题不好，内容质量再好，文章的阅读量也不会多。

笔者认为可以从以下几个方面来考虑选题。

（1）和客户成功案例有关的文章系列性产出。

（2）和 SaaS 服务商的活动有关的系列性产出。

（3）专题性活动选题。

（4）固定热点选题。

（5）突发热点选题。

（6）SaaS 服务商的产品、服务、解决方案、组织等与 SaaS 服务商的内部业务相关的选题。

4．内容传播

在写完内容后，我们需要开始对外传播，只有对外传播，才能放大内容的价值。内容的传播渠道主要有以下几种。

- 公众号，这是内容传播的主要渠道。
- 合作渠道，包括垂直媒体类渠道、第三方媒体渠道、长期异业合作渠道、联合推广渠道等。
- 员工分享。
- 客户分享。

内容传播可以带来如下好处。

- 粉丝（关注 SaaS 服务商自媒体的客户）。
- 会员（注册并留下线索的客户）。
- 销售线索（最终满足销售标准的客户）。
- 赚到钱（客户买单和持续买单）。

5．内容运营团队的搭建

内容运营需要由人力来完成相关的创作。人力可以来源于以下3个方面。

（1）专业的内容运营团队。但是，据笔者了解，市面上的SaaS产品方面的内容专家比较少，SaaS产品方面的专业人才不太容易招到，尤其是对中、小型创业公司来说。

但是，如果创业公司的创始团队有写作方面的专家，由创始团队的成员来写内容就再好不过了，因为这样既节约成本，又能输出能突出产品价值主张的"干货"。

（2）公司的员工。公司可以让其每个员工都参与创作，但是笔者认为这对很多中、小型创业公司来说并不现实，因为SaaS产品方面的内容创作相对来说难度较大，需要由专业的人来完成。因此，笔者认为大型公司才有可能实现全员创作。

（3）外部的专家。也就是通过付费或者资源互换的方式找行业内的专家来写。专家不仅可以产出质量高、吸引力大的优质内容，由于自带流量属性，还能使内容得到更大范围的传播。

6．如何通过内容获得更多销售线索

通过内容获取到的更多的是客户流量，我们还需要通过一些方法将客户流量转化为销售线索。

例如，提供软件服务的公司一般会在文章的开头或者结尾引导客户去体验产品，让客户在体验产品的过程进行注册，留下销售线索。

又如，提供服务的公司一般会在自建的渠道或者文章中留下客服的联系方式，或者让客户留下联系方式，让销售人员跟进。

7.4.2　活动运营

活动运营是获取线索的重要方法之一。如何通过活动运营来获取线索？我们可以从以下4个方面来思考。

1．目标

在获客阶段，活动运营的目标是获取有效的销售线索。从举办活动到获取到

有效的销售线索，中间会有一个转化漏斗：报名人数—参会人数—参会公司数—有效的销售线索。例如，在举办一个活动时，报名人数为 200 人，参会人数为 150 人，这 150 人涉及 50 家公司，有效的销售线索为 35 条。因此，我们要根据自己的业务及往期的活动经验，去评估每举办或参加一个活动，我们可以获取到多少条有效的销售线索。

2．活动类型

在进行活动运营时，我们可以选择多种类型的活动。

（1）赞助行业峰会，这是获客的有效方法。在赞助行业峰会时，无论是在展位还是大会的资料袋中，都要放宣传册。

在赞助行业峰会时，我们还可以采用物质激励、举办峰会公司定向引荐、现场产品体验等方法获取更多销售线索。

（2）自己举办各种小型的主题沙龙活动、闭门分享会活动。举办此类活动的关键点是有足够的"干货"和讲师。

对于"干货"，我们可以在日常工作中去积累；对于讲师，我们可以在公司内部寻找，如果公司内部的讲师不够用，或者公司内部没有讲师，那么我们可以去外部寻找。

为了让自己举办的活动可以获取更多高质量的销售线索，活动举办者需要从活动主题、活动推广、邀请知名讲师站台、活动现场的环节设计等方面不断打磨。

（3）参加行业会议，做主题分享。一般来讲，如果公司的老板或者高管在行业内有一定的知名度，那么可以举办此类活动。

成功举办此类活动的关键是，讲师所讲的内容要足够好，还要留下公司的微信，告诉大家添加公司的微信好友可以获取福利。一般来说，通过这种方式，公司可以获取一些有效的销售线索。

以上是比较常用且高频的活动，其他活动还有主办大会、培训活动、联办活动等。

3．活动类型组合

为了实现月度、季度、年度目标，我们需要做多种不同类型的活动组合。至于具体需要哪些类型的活动组合，我们可以根据团队适合举办的活动、内部拥有的渠道资源、内容资源、讲师资源、预算等来思考，以便获取有效的销售线索。

4．活动排期表

在做好活动类型组合后，我们就要制作活动排期表了。

活动排期表主要记录什么人在什么时间负责什么类型的活动、活动的主题、需要获得多少销售线索。

在制作好活动排期表以后，我们就能根据活动排期表有条不紊地举办活动，最终实现目标。

7.4.3 渠道获客

在商业世界中，如果没有渠道，信息、产品或者服务就无法触及客户。渠道是连接公司与客户的载体，前文所讲的内容运营和活动运营都需要渠道的帮助，才能实现获客的闭环。那么，有哪些渠道可以用于获客呢？有 3 种类型的渠道可以用于获客。

1．自建渠道

自建渠道包括服务号、订阅号、朋友圈、社群、销售团队、分销团队、PC 端官网、移动端官网、今日头条号、企鹅号、百家号、搜狐号、百度搜索、360 搜索、搜狗 SEO（Search Engine Optimization，搜索引擎优化）等。

2．合作渠道

合作渠道包括垂直媒体类渠道、第三方媒体渠道、长期异业合作渠道、联合推广渠道。

3．付费渠道

付费渠道包括微信朋友圈广告、今日头条信息流广告、垂直媒体渠道、行业 KOL（Key Opinion Leader，关键意见领袖）、百度 SEM（Search Engine Marketing，搜索引擎营销）、搜狗 SEM、360 SEM。

付费媒体是见效最快的一种获客方式。至于哪种付费渠道的效果最好，我们需要根据行业、业务特性去实践。

自建渠道和合作渠道是免费的，虽然见效慢，但稍加利用，就有可能比付费渠道更有价值。

本章小结

本章主要介绍了对客户线索的理解（市场部门获取到的有效线索）、如何制作客户画像、线索团队的组建及绩效考量、获取线索的 3 种方法。

第 8 章　SaaS 如何进行销售管理

> 💡 **本章要点：**
> - SaaS 销售的思考框架。
> - SaaS 销售的模式。
> - 销售团队的目标制定及过程管理。
> - 销售团队的提成设计。
> - SaaS 销售流程的梳理。
> - 自建团队和发展渠道的选择。
> - 发现、激活、赋能代理商。
>
> SaaS 如何进行销售管理？我们可以从 SaaS 销售的模式，销售团队的目标制定及过程管理，销售团队的提成设计，SaaS 销售流程的梳理，自建团队和发展渠道的选择，发现、激活、赋能代理商方面来思考。

8.1 SaaS 销售的思考框架

在思考 SaaS 销售时，会有一套相应的思考框架指导我们。这套思考框架的要素有以下 3 个：潜在客户数、客户分布和拜访转化率。这 3 个要素会对销售思考产生什么影响？下面详细介绍。

1. 潜在客户数

只有估计出潜在客户数，才能知道大概的市场规模，以及需要多少人力、物力。同时，通过潜在客户数，SaaS 服务商能在不同的阶段了解目前自己覆盖了多少目标客户，才能理性地进行与市场拓客相关的布局。

2. 客户分布

客户分布通过客户集中度来反映。有的 SaaS 产品的客户集中度很低，其获客成本会偏高；有的 SaaS 产品的客户集中度较高，其获客成本会偏低。

客户集中度不同，销售模式就不同。假设 SaaS 产品服务的客户是提供本地生活服务的商家，客户集中度相对较高，则通过地推的方法来拓客是较优的方法。

3. 拜访转化率

影响拜访转化率的因素很多，如销售人员的能力、产品价值、客单价等。因此，SaaS 服务商需要招聘能力匹配的销售人员，还要为其提供相应的培训；需要打造一款有价值的 SaaS 产品，因为产品是基础；需要把握好产品定价的度，因为定价太高会影响转化率，定价太低则有可能导致公司整体不盈利，客户转化越多，亏损就越多。

8.2 SaaS 销售的模式

针对各种业务，已有的销售模式包括网络销售、电话销售、门店地推型销售、方案型销售、会议销售等。在这些销售模式中，针对 SaaS 产品可以运用的有网络销售、电话销售、门店地推型销售、方案型销售。

1．网络销售

网络销售一般适用于客单价较低、客户较分散的 SaaS 产品。SaaS 服务商用线上的方式获取销售线索后，通过运营，让客户通过网络自助交易。

2．电话销售

一般针对客户较分散且客户属于小型客户的 SaaS 产品，SaaS 服务商在通过市场获取销售线索以后，让电话销售团队进行线索跟进，进行电话销售。

3．门店地推型销售

一般针对客户比较集中、客单价在 1 万元以下、产品价值点突出、不复杂的 SaaS 产品，SaaS 服务商可以进行门店地推型销售，销售团队负责线索拓展和客户转化的工作。

4．方案型销售

方案型销售一般适用于客单价较高的 SaaS 产品，专业的销售团队需要围绕产品的核心价值去发现客户的问题，为客户提供解决方案，最后促进成交。

以上 4 种销售模式不是独立存在的，SaaS 服务商在拓展同一批客户的过程中，可以将多种销售模式组合运用。

8.3 销售团队的目标制定及过程管理

关于销售团队的目标制定及过程管理，合起来讲，就是 9 个字：定目标、盯过程、拿结果。这套方法看起来就是简单的 9 个字，实则其背后是一套完整的系统方法论。

关于定目标，大多数人会认为销售部门的目标是由上级领导制定的，部门中个人的目标是由部门负责人制定的，并由上级领导进行考核。

笔者要纠正一下这个想法，因为实际情况是，各部门的目标不是由上级领导制定并分配的，而应该是老板或者高管和各部门的负责人在理解公司目标的基础上一起制定的。

同理，部门中个人的目标不是由部门负责人制定的，而是由部门负责人和个人在理解公司目标和部门目标的基础上一起制定的。

关于目标的制定，如果业务模式已经很成熟，那么可以按年来制定目标；如果业务模式还不够成熟，还在探索阶段，那么可以按月来制定目标。

在制定出目标以后，我们就要围绕目标设计计划方案。计划方案要尽量详细，详细到每一天。盯过程相当于盯每一天的目标，只有每一天的目标都实现了，才有可能实现刚开始制定的大目标。

拿结果是指要有自我驱动意识，要主动去拿结果，而不是被动等待结果的出现。

8.4 销售团队的提成设计

有些 SaaS 创业公司一开始就设计了比较复杂的提成机制，笔者认为，不管是从管理者的角度还是从销售人员的角度来讲，这种做法都是不可取的。

如果把提成机制设计得过于复杂，就会消耗管理者大量的精力，会让管理者把他有限的精力浪费在这些琐事上，而不能将足够的精力放在业务的发展上。

从销售人员的角度来讲，过于复杂的提成机制会让销售人员把时间浪费在计算提成上（因为他们要努力让自己的利益最大化），反而不利于业务的正常发展。

对 SaaS 创业公司来说，在设计销售团队的提成时要考虑以下两个方面：销售人员最终可获得的薪资和固浮比。

1. 销售人员最终可获得的薪资

创业公司的招人难度较大，因此需要给出在同一区域、同一行业内有竞争力的薪资。销售人员最终可获得的薪资包括底薪、提成、年终奖。

2. 固浮比

固浮比是底薪与提成的比值。对 SaaS 创业公司而言，固浮比越低，成本越低。但是，固浮比太低会导致招不到人，只有提供足够的底薪，才能给销售人员带来基本的生活保障，保证销售人员的稳定性。

如果固浮比太高，就无法创造一个充满狼性的销售团队。这比较容易理解，如果底薪远远高于提成，销售人员不用努力就可以拿到大部分收入，他们开疆拓土的驱动力就会变小，提成就不能起到激励作用。

因此，固浮比要合理，既能给销售人员提供基本的生活保障，又能激励销售人员，从而创造出一个有狼性的销售团队。

在提成的设计上，很多人在学习了大型公司的方法论以后就开始照搬，设计了复杂的提成机制，认为这样做会更好，殊不知这样做会适得其反。

正确的做法是把提成设计得简单、直接，让销售人员清晰地知道成交一单能拿到多少提成。

8.5　SaaS 销售流程的梳理

笔者在创业时，在销售方面遇到了这样一个问题：销售团队是一个初创团队，人数一直保持在 3~8 人的水平，但是业绩主要来源于一个销售明星，其他销售人员只是起辅助作用，没有带来太多的业绩。

笔者还了解到，有一些规模不小的销售团队的发展速度特别快，在多个城市都组建了销售团队，可销售结果不是很理想，少数销售团队实现了盈利，而多数销售团队一直处于亏损状态。

这些问题背后的根本原因是，在销售方法论上没有打造出样板，没有形成可复制的销售方法，没有对销售团队进行培训，让销售团队的每个销售人员都有能力获得销售订单。

可复制的销售方法是什么？由于每家公司的产品不同，需要服务的客户不同，客单价不同，成交周期不同，因此标准的销售方法不同。但是，关于如何形成可复制的销售方法，下面有一套思考方法可供大家参考。

- 梳理销售流程。
- 整理关键环节的做法。
- 坚决复制。

8.5.1 梳理销售流程

销售和产品、运营背后的逻辑是相通的。为了提高工作效率或者效果，我们可以先把要做的事的整个工作流程梳理出来，然后有针对性地进行优化。

每家公司的销售流程可能都不相同，但在经过抽象归纳后，其核心可归为三大类。

（1）当产品销售给小型客户时，也就是当客单价在1万元以下时，销售流程如下。

- 获取流量—线上流量运营—自助交易—初级客户成功服务。
- 地推—初级客户成功服务。

（2）当产品销售给中型客户时，也就是当客单价在1~10万元时，销售流程如下：获客—销售线索清洗—电销/面销—中级客户成功服务。

（3）当产品销售给大型客户时，也就是当客单价在10万元以上时，销售流程如下：利用人脉获取销售线索—面销—高级客户成功服务。

下面以某家客单价在1万元以下，服务景区的营销型SaaS服务商为例，介绍其销售流程。

核心主逻辑还是获取流量—线上流量运营—自助交易—初级客户成功服务。其中，将线上流量运营—自助交易流程往下详细拆解，得到的流程如下：线索交接—了解需求，挖掘"痛点"—给出解决方案—建立信任—谈判、签约—转介绍。因此，该SaaS服务商最终的销售流程如下。

- 获取流量。
- 线索交接。
- 了解需求，挖掘"痛点"。
- 给出解决方案。
- 建立信任。
- 谈判、签约。
- 转介绍。
- 初级客户成功服务。

8.5.2 整理关键环节的做法

在弄清销售流程后，如果业务流程简单、产品不复杂，那么 SaaS 服务商要尽量做到使全流程的相关节点的做法标准化、可复制；如果业务流程比较复杂、产品也很复杂，对销售人员的灵活性的要求较高，那么 SaaS 服务商要尽量做到多个关键环节的做法标准化，部分环节可让销售人员自由发挥。

具体如何做？这里还是以 8.5.1 节中的案例为例，该案例中的 SaaS 服务商的销售流程中有 4 个关键环节：线索交接；了解需求，挖掘"痛点"；给出解决方案；建立信任。

1. 线索交接

市场部门在获取销售线索以后，如何把销售线索交接给销售人员呢？线索交接方式主要有以下两种。

（1）市场部门交接过来的客户，经初步判定为销售线索以后，市场人员会建一个群，群中至少包括 3 个角色：市场人员、销售人员、客户。市场人员简单介绍一下客户及销售人员，帮二者进行对接，接下来主要由销售人员跟进客户。

在这种交接方式下，想要提高销售转化率，就需要注意两个关键点。

- 市场人员在建群时，需要保证销售人员对接的实时性，保证对接的高效和有效性。
- 定期开会、复盘和优化市场人员与销售人员之间相互配合和协作的问题。

（2）SaaS 服务商一般会有自己的官网，SaaS 服务商开发让客户在官网上注册留下线索的功能，客户在官网上注册留下线索以后，官网后台会出现客户数据功能模块。

销售人员在客户数据功能模块中可以看到客户留下的联系方式及体验了产品的哪些功能等数据。销售人员可以根据自己在官网后台看到的数据跟进客户。

在这种交接方式下，想要提高客户销售转化率，就需要注意两个关键点。

- 官网的留资环节要设计得简单，让客户能留下销售线索、能第一时间在线上体验产品，因为这样能留下的销售线索会更多。
- 销售人员在官网后台看到的数据越详细越好，这样销售人员对客户的了解会更多，在与客户沟通时就越容易提高销售转化率。

不管是哪种方式，在市场人员把销售线索交接给销售人员以后，若在一定的时间内销售人员没有对客户进行销售转化，则销售线索会被重新分配给新的销售人员，让新的销售人员重新对接，以确保不浪费任何一个销售线索。

2．了解需求，挖掘"痛点"

在完成线索交接以后，销售人员接下来要做的事就是让客户感觉到自己有需求。销售人员要发现客户的问题，以及假设这个问题不解决会给客户造成什么不良后果。

如何发现客户的问题？一般初级销售人员在开始和客户沟通时就默认自己知道了客户的问题，而且客户也知道客户自己的问题，于是直接进入产品推销环节，结果得到的反馈是客户不断抛出各种问题。例如，我为什么要选择和你们合作？你的产品与竞争对手相比，优势在哪里？你的产品能给我带来哪些价值？总之，销售人员需要面对客户提出的各种问题。一旦陷入这样的局面，销售人员就几乎不会有胜算，更谈不上提高销售转化率了。

那么，发现客户问题的正确方法是什么呢？那就是销售人员需要给自己换一个角色，让自己当一名教练，而不是销售人员。销售人员可以通过各种形式去问客户一些问题（问题需要与自己的业务有关，也就是与SaaS服务商提供的解决方案有关），如询问客户的业务现状、业务目标、目前面临的挑战及未来规划等。

销售人员通过引导客户回答自己的问题，可以发现客户的问题所在，也能让客户意识到问题所在。

下面仍以8.5.1节中的案例为例。当市场人员获取到景区业务负责人这个销售线索并交接给销售人员后，销售人员可以按以下步骤去发现客户的问题。

（1）销售人员可以对客户说："您好，我是××公司的××，看到您体验我们的产品，您对我们的产品比较感兴趣，想使用我们的产品，是吗？"

（2）客户会回答销售人员提出的问题，可能还会提出想要解决的问题。

（3）销售人员开始引导客户回答他遇到了什么问题，通过客户的回答和客户发的资料，分析得出客户遇到的问题可能包含（但不限于）如下几个。

- 文章阅读量少。
- 粉丝少。

- 没有做活动。
- 公众号的基础设施不完善。
- 在门票售卖中,有将近一半的门票是由线下人工售出的;通过 OTA 渠道售出的门票占了 45%。此外,自有渠道用户营销发展较为滞后,通过自有渠道售出的门票仅占 3%。

将上述问题总结成一句话就是,客户的 IT 化能力较弱,即互联网能力较弱。

(4) 销售人员告诉客户这些问题带来的直接后果是用户和利润的大量流失。

假设景区每年有入园游客 100 万人次,实际上有将近 50 万人次是流失的,是无法运营的,这造成了用户的流失。

OTA 渠道每年帮助分销 50 万张门票,每张返佣金 20 元,给 OTA 渠道的返佣金额达到 1000 万元,这直接导致利润流失。

3. 给出解决方案

在通过与客户沟通发现客户的问题且与客户达成共识以后,销售人员就需要向客户提供能解决客户的问题的解决方案。

一般情况下,解决方案是 SaaS 服务商提供的产品和服务。例如,在发现问题阶段,销售人员发现的客户的问题是客户的互联网能力较弱,这个问题带来的直接后果是用户和利润的大量流失。

针对这个问题,销售人员给出的可能的解决方案是提供软件系统+代运营服务,帮助客户减少用户和利润的流失。

在软件方面,案例中的 SaaS 服务商提出了一个"三次营销"的概念和量化标准。

一次营销的目的如下。

- 让更多游客来到景区。
- 引导游客关注景区的公众号,让游客成为用户,只有这样,才可以对游客进行接下来的二次营销、三次营销。

二次营销的目的是让用户多消费。三次营销的目的是让用户多来景区,帮助景区传播。

案例中的 SaaS 服务商的软件(数字化营销平台)想帮助景区解决一次营销、二次营销、三次营销的问题,具体解决方法如图 8-1 所示。

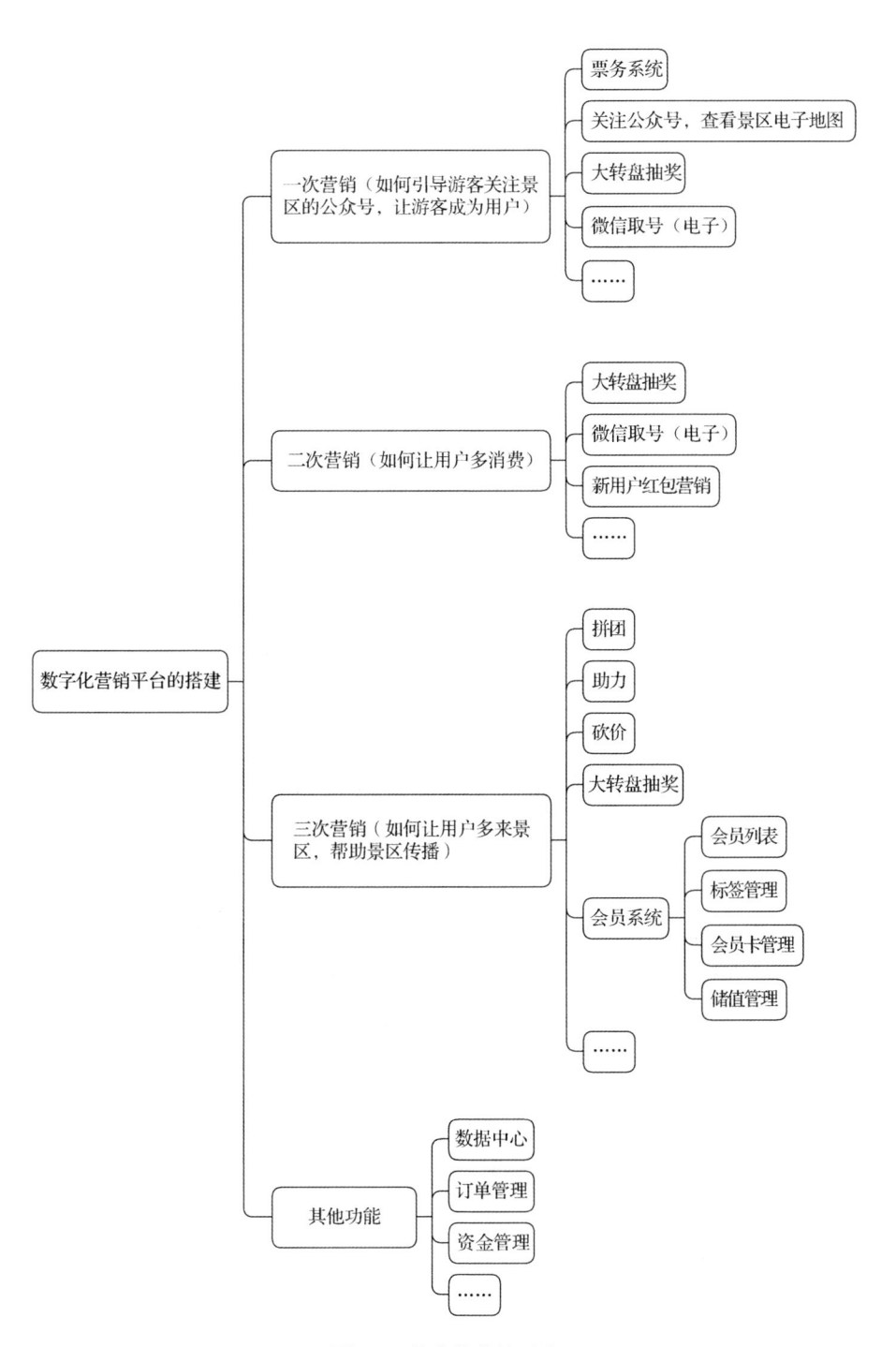

第 8 章　SaaS 如何进行销售管理

数字化营销平台的搭建
- 一次营销（如何引导游客关注景区的公众号，让游客成为用户）
  - 票务系统
  - 关注公众号，查看景区电子地图
  - 大转盘抽奖
  - 微信取号（电子）
  - ……
- 二次营销（如何让用户多消费）
  - 大转盘抽奖
  - 微信取号（电子）
  - 新用户红包营销
  - ……
- 三次营销（如何让用户多来景区，帮助景区传播）
  - 拼团
  - 助力
  - 砍价
  - 大转盘抽奖
  - 会员系统
    - 会员列表
    - 标签管理
    - 会员卡管理
    - 储值管理
  - ……
- 其他功能
  - 数据中心
  - 订单管理
  - 资金管理
  - ……

图 8-1　数字化营销平台

在代运营服务方面，由于景区的互联网能力较弱，单纯地给景区一个软件并不能帮助景区解决问题，因此案例中的 SaaS 服务商还提供了代运营服务，服务内容如下。

（1）公众号内容、促销活动运营。

（2）公众号平台上用户的运营，包括用户的分类、标签化、精准营销、流失召回等。

（3）客流量聚集运营，即如何才能把到目的地的游客全部引导到公众号上的策划。

（4）线上裂变活动，即用户增长的策划。

（5）线下活动的策划。

以上就是为了解决客户问题而给出的解决方案。

4．建立信任

通过销售人员所做的前期工作，客户已经发现自己业务的问题所在，也初步对 SaaS 服务商提供的解决方案有了认知，此时客户处于在多个解决方案中做选择的阶段。在这个阶段，销售人员需要和客户建立信任。

客户会问销售人员其提供的解决方案与其他 SaaS 服务商提供的解决方案有什么区别、有什么优势。这个问题不太容易回避，关于这个问题，销售人员可以从公司的顶层设计开始思考。

这里还是以服务景区营销类型的 SaaS 产品为例进行说明。销售人员可以这样回答："传统的 SaaS 产品一般都还处于在卖硬件或软件，以及功能堆砌的层面，但是往往一大堆功能的堆砌并不能解决根本的业务问题，我们不仅提供功能，还提供代运营服务，用这样一整套的解决方案来助力贵公司的业绩增长。"

同时，为了建立信任，销售人员还做了一个案例分享。

（1）景区简介：某景区位于××，有果园、亲子拓展、迷你动物园观光、休闲烧烤、绿色采摘等项目。

（2）活动功能：运用全民经济人功能生成海报，每个人都可以将自己的海报分享到朋友圈和好友群，在他人购买成功后可得红包返利，还可随时提现。

（3）业绩详情：9.9 元限时抢票，当天销售 500 多张，景区又追加了 200 张，现在已经销售了 689 张，活动正在进行中，日净利润达 5000 多元，增加粉丝 5000 多人。

销售人员接着讲道："做这样一个活动，如果只提供一个活动功能，那么一般来说很难取得这样的效果，而我们公司有专业的团队来做，提供的是一整套解决方案，最终才取得这样的效果。"

8.5.3 坚决复制

产品销售方法样板的打造是一个重要而漫长的过程。在打造样板的过程中，你可能会遇到各种阻碍，如团队不配合、某些销售能力强的销售人员不愿意使用已有的方法等，这时你可能会犹豫是该坚持还是该调整。答案很简单，在打造样板阶段，如果销售方法是成功的，且达到了 SaaS 服务商预期的效果，就该坚持。如果在打造样板阶段，销售结果不理想，就不应该复制和扩大团队规模，而应该持续打磨销售方法，直到销售方法形成闭环，销售结果达到预期，才扩大团队规模。

因此，一旦样板打造好且被证明可行，SaaS 服务商就要快速且坚决地复制，让全国各地的销售团队实践该方法，并在实践中加深对该方法的理解。

8.6 自建团队和发展渠道的选择

在发展客户的过程中，SaaS 服务商应该通过哪种方式来拓客？是自建团队还是发展渠道？

从长期可持续发展的角度来讲，二者都应该有，它们各有利弊。这里需要补充说明的是，在创业初期，SaaS 服务商应通过自建团队的方式来发展市场，因为在创业初期需要解决的问题有很多，如打磨产品、打造销售方法等，而这些问题都需要自建团队来解决。

如果在创业初期就发展渠道，SaaS 服务商还有很多事都没验证成功，那么带来的结果就是代理商会亏损，同时 SaaS 服务商也会亏损，不利于其健康发展。

8.7 发现、激活、赋能代理商

随着业务的发展，SaaS 服务商想要开拓更多的市场，这时销售业绩的来源主要有两种：公司直销和代理商销售。

当然，代理商的作用不只有销售，还有如下几个。

- 进行产品的落地实施，包括系统集成、系统部署、上线培训等。
- 提供售后及代运营服务。
- 解决公司直销面临的部分难题，如自己招团队需要投入房租、工资等各种费用。
- 自销团队的负责人的责任心和积极性难以得到保证，而代理商因为是自己的事业，所以会更加努力、积极，能够有效地做好开源节流工作。

可见，在 SaaS 服务商高速发展、扩大规模的过程中，代理商的作用是非常大的。既然如此，那么 SaaS 服务商应该如何发现、激活和赋能代理商呢？

1. 如何发现代理商

SaaS 服务商可以通过以下两种途径发现代理商。

第一种，SaaS 服务商服务的客户可能也在接受一些代理商的服务，SaaS 服务商可以找到这些已经存在的代理商，使其成为自己的代理商。

第二种，SaaS 服务商可以重新发现新的具有潜在价值的个人或者企业来成为自己的代理商。

不管是哪种途径，SaaS 服务商都可以通过 SEO+SEM、垂直行业媒体合作、新媒体运营等方式来找到代理商。

这两种途径各有利弊，第一种途径的好处是稳定性强，但弊端是 SaaS 服务商的产品不一定是代理商主推的产品；第二种途径的好处是 SaaS 服务商的产品是代理商主推的产品，但弊端是这些代理商的稳定性和持续性较弱。

2. 如何激活代理商

激活代理商的本质是让代理商能看到产品能给他们带来的价值——能让他们赚到钱。因此，SaaS 服务商在拓展代理商的过程中，要让代理商认知到、感知到自己能赚到钱。

SaaS 服务商要在代理商中建立标杆，标杆代理商是很重要的。SaaS 服务商要有意识地找出标杆代理商来激励其他代理商，让其他代理商愿意持续拓展业务。

SaaS 服务商可以采用这样的思路：让一部分代理商先富起来，让一部分区域优势明显的地方先跑起来，并在这个过程中根据代理商的意愿、能力等特点，给予不同的支持和激励政策，确保部分区域先一步发展起来；然后，让其他代理商向已经发展起来、赚到钱的标杆代理商学习，最终实现共同发展。

同时，SaaS 服务商要给代理商一定的沉没成本压力。这是什么意思？我们经常会看到很多 SaaS 服务商在与代理商的商务谈判合作中会提出这样的合作协议：代理费为一年××元，如果销售业绩达到××元，就可以把代理费退还给代理商；如果没有达到，就不退还代理费。

这就是给了代理商一定的沉没成本压力。如果代理商没有任何投入，那么可能的结果就是代理商在代理产品的过程中，只要遇到了一点困难，就轻易放弃，从而影响 SaaS 服务商的战略布局。

3．如何赋能代理商

赋能代理商的方法有很多，SaaS 服务商主要可以从以下 4 个方面来赋能代理商。

（1）体系化培训，包括定期线上产品培训，定期线下培训，渠道经理定期走访、交流及辅导。

（2）市场支持，包括产品资料、客户案例、销售话术等。

（3）服务支持，客户经理在代理商微信群中提供 7 天×12 小时的支持。

（4）奖励，包括不同业绩不同返款、不同业绩不同价格政策等。

需要补充说明的是，建立代理商体系和运营代理商的核心有以下两点。

- 要让代理商赚到钱。
- 进行精细化运营，打造标杆，将标准化的能力进行复制并输出，赋能代理商。

本章小结

本章主要介绍：SaaS 销售的思考框架，这个框架包含的要素有潜在客户数、客户分布、拜访转化率；SaaS 销售的模式，包括网络销售、电话销售、门店地推型销售、方案型销售；销售团队的目标制定及过程管理；销售团队的提成设计；SaaS 销售流程的梳理；自建团队和发展渠道的选择；如何发现、激活、赋能代理商。

第 9 章　SaaS 客户成功服务

> **本章要点：**
> - 客户成功的定义。
> - 客户交接。
> - 新手启动阶段。
> - 客户成长阶段。
> - 可能流失客户挽回阶段。
> - 客户生命周期价值。
>
> 在客户成交以后，我们需要服务好客户，从客户交接、新手启动阶段、客户成长阶段等方面和阶段考虑如何帮助客户成功。

9.1 客户成功的定义

不仅仅是 SaaS 服务商，任何一个希望和客户产生二次交易的公司都应该帮助客户成功。

客户成功是什么？在 SaaS 服务商和客户合作的过程中，客户的需求被满足，客户的问题得到解决，这个状态就叫客户成功。

客户的需求来自客户的现状与理想状态的落差。例如，客户的现状是今年赚了 1000 万元，客户的理想状态是明年赚 1500 万元，那么相差的 500 万元就是客户的需求。

如果 SaaS 服务商的产品和服务能帮助客户多赚 500 万元，SaaS 服务商做的事就是在帮助客户成功。而 500 万元是客户成功的标准，达不到这个标准就不能称为客户成功，因为没有满足客户的期望值。

客户成功的标准是由谁制定的？它是由 SaaS 服务商的销售人员和客户的决策人共同制定的，而不是由任何一方独立制定的。

SaaS 服务商的销售人员和客户的决策人在共同制定客户成功的标准时，一定要做好预期管理，否则会出现客户觉得 SaaS 服务商的产品和服务不行，但实际情况并不是 SaaS 服务商的产品和服务不行，而是客户对成功的期望与 SaaS 服务商的产品和服务能带来的价值之间存在落差。

如何制定客户成功的标准？SaaS 服务商需要做好以下 3 件事。
- 发现或挖掘客户需要解决的问题。
- 将要解决的问题进行细化。
- 和客户一起制定要提升的目标。

9.2 客户交接

客户交接一般存在以下两种情况。

第一种情况，在市场部门获取销售线索后，销售部门负责跟进，并进行客户转化；在客户付费以后，销售部门把客户交接给客户成功部门，客户成功部门的领导把客户分配给客户成功经理。

第二种情况，客户成功部门的某个客户成功经理要离职，或者有新同事入职，客户成功部门的领导需要将某部分客户交接给新同事。

以上两种情况都属于把客户交接给新同事，具体涉及以下问题。

- 怎么交接？
- 在交接时需要提供什么资料？
- 应该把哪个客户交接给新同事？
- 每个客户成功经理需要维护多少客户？

要回答清楚以上问题，我们就需要对客户进行分类。通常来说，对客户进行分类的方法主要有 4 种。

第一种，按新老客户来分，可将客户分为新客户和老客户。

第二种，按行业来分。例如，某 SaaS 服务商的产品是某个营销类的 SaaS 通用软件，那么其服务的客户可能来自餐饮、旅游、美容美发、新零售等行业。因此，该 SaaS 服务商可以将其客户分为餐饮客户、旅游客户、美容美发客户、新零售客户等。

第三种，按客户重要性来分，分类标准可以是客单价、生命周期价值等。按客户重要性，一般可将客户分为 KA（Key Account，重要客户）、普通客户、小型客户。

第四种，前 3 种类型的自由组合。例如，旅游行业的 KA，旅游行业的新 KA、老 KA 等。

在完成客户分类后，客户成功部门的领导才能更清楚地知道如何给同事分配客户资源，以及在与同事进行客户交接时，需要提供什么资料。

那么，在做客户交接时，我们需要提供什么资料呢？主要按第一种客户分类方法来思考。

如果交接的是新客户，就需要提供以下资料（包括但不限于）。

- 合同。
- 客户决策关键人、使用者。
- 客户的现状。
- 客户需要解决的问题。
- 实施方案。

如果交接的是老客户，就需要提供以下资料（包括但不限于）。
- 合同。
- 客户决策关键人、使用者。
- 客户的现状。
- 客户需要解决的问题。
- 实施方案。
- 方案进度。
- 目前的使用情况。

在完成客户交接，也清楚地知道客户的情况和客户期望达成的目标后，我们就要开始给客户提供服务，帮助客户取得成功。

9.3 新手启动阶段

在完成客户交接以后，就进入新手启动阶段。从这个阶段开始，客户成功部门要真正发挥其价值。在这个阶段，客户成功部门要实现的目标是让客户尽快开始使用产品或服务，并从中获取价值。

如何实现这个目标？针对小型客户和 KA，客户成功部门需要采取不同的手段。

如果服务的是小型客户，那么客户成功部门需要做以下事项。
- 给客户发送使用手册。
- 对客户进行培训。
- 解答客户的问题。
- 根据客户使用的数据反馈，逐步推进客户对产品核心功能的使用。

基本上整个新手期的服务在线上就可以完成。

如果服务的是 KA，那么客户成功部门需要做以下事项。
- 给软、硬件系统进行配置、测试，准备上线项目。
- 将某个部门或者分公司作为试点，进行内部培训（在试点反馈没有问题后，再大范围地进行内部推广）。
- 解答客户在使用产品的过程中遇到的问题。

9.4 客户成长阶段

过了新手启动阶段（新手启动阶段一般是 3 个月），就进入客户成长阶段。

在客户成长阶段，如果客户一直保持活跃，没有流失，就说明产品已经成为客户日常运营中不可或缺的组成部分。在这种情况下，SaaS 服务商对客户进行二次销售的成功率会大大提高。

在这个阶段，客户成功部门需要时刻准备响应和解决客户的需求问题。客户成功部门需要持续追踪客户问题解决的进度，并按一定的频率（根据客户的级别、现状等因素来评估）与客户进行定期沟通等。

如果服务的是小型客户，那么客户成功部门需要做以下事项。

- 通过线上的方式，随时解答客户的问题。
- 定期通过电话跟进状态，帮助客户稳定使用产品和服务。
- 不定期地给客户分享客户成功经验。

如果服务的是 KA，那么客户成功部门需要做以下事项。

- 按周甚至按天高频率地提供面对面的服务，帮助客户稳定使用、优化产品和服务。
- 每月定期给对方项目负责人发月报，包括系统的使用情况（使用人数、使用的功能有哪些等）、下一步的使用计划（为了提升效果实现目标，需要做出下一个月双方的配合计划）。
- 每月和对方负责人共同沟通，了解问题的解决情况，以及是否有新的问题需要解决。

9.5 可能流失客户挽回阶段

在服务客户的过程中，会出现客户不活跃，甚至流失的情况，留住客户是一件很重要的事。那么，如何挽回可能流失的客户呢？想要挽回可能流失的客户，我们需要找到客户流失的原因。

笔者认为客户流失的原因主要有以下几个。

- 产品价值不足。
- 服务价值不足。
- 客户使用流程的引导不清晰。
- 客户在使用产品时需要额外的激励才能体验完整个产品的流程，而 SaaS 服务商并没有提供任何额外的激励。
- 客户成功的标准不清晰。
- 客户的决策人未参与整个实施过程。
- 产品使用复杂，过度依赖技术支持。
- 客户管理层变更。

在找到客户流失的原因以后，客户成功部门就可以制定解决方案了。针对不同的流失原因，客户成功部门需要制定不同的解决方案。

如果是产品价值不足或者服务价值不足，就要先打磨产品价值或服务价值，多进行 MVP 测试。

如果是客户使用流程的引导不清晰，就完善客户使用流程的引导，再次对客户进行培训。

如果是客户在使用产品时需要额外的激励才能体验完整个产品的流程，而 SaaS 服务商并没有提供任何额外的激励，就完善客户的激励体系设计。

如果是客户成功的标准不清晰，就和对方的高层再次沟通，重新制定客户成功的标准。

如果是客户的决策人未参与整个实施过程，就引入双方的高层，安排他们见面，引导客户决策人参与实施过程。

如果是客户管理层变更，就进一步和新的管理层对接、深度沟通、汇报工作情况。

通过在新手启动阶段、客户成长阶段、可能流失客户挽回阶段的服务，客户成功部门期待的理想结果如下。

- 客户变得更活跃了，产品使用率持续上升。
- 达到了和客户一起制定的客户成功的标准。
- 客情关系维系得不错。

客户成功部门帮助客户成功，除了是对客户的一种履约，还希望挖掘出更大的客户生命周期价值。

9.6 客户生命周期价值

客户生命周期有哪些可以挖掘的价值呢？

业务模式不同、收费模式不同，可挖掘的价值就不同，但总体而言可以挖掘的价值主要有以下几点。

（1）拥有更多的业务数据，未来给客户提供的服务将会更加智能。例如，做交易类的 SaaS 软件，当 SaaS 软件产生的交易数据足够多以后，SaaS 服务商就会对 C 端用户更加了解，未来给客户提供的服务就会更加智能，这也会成为 SaaS 服务商的竞争优势。

（2）未来提供衍生的产品或服务。例如，做交易类的 SaaS 产品，当产生的交易数据足够多时，SaaS 服务商可以给客户提供金融服务、物流服务等。

（3）未来可以有部分盈利来自广告。例如，石墨文档、有道云这样的软件，使用的客户多了，SaaS 服务商就可以通过广告形式产生部分盈利。

（4）购买更贵的版本。例如，提供小程序的一些 SaaS 服务商推出的小程序版本可能会分为基础版、普通版、高级版、超级 VIP 版等，每个版本的价格都不一样，客户起初购买的是低价版本，在客户使用产品的过程中，SaaS 服务商有机会让客户购买更贵的版本。

（5）购买其他产品或服务，形成交叉销售。例如，一家提供软件+硬件+服务的综合 SaaS 服务商，刚开始卖给客户的可能是软件，后来在客户使用软件的过程中，还有机会卖给客户硬件和服务。

（6）增值服务收费。例如，某些 SaaS 软件的基础版是免费的，客户若需要使用软件中的一些独特的功能，就需要付费，这就是增值服务收费。

（7）获得更多的业绩提成。例如，某 SaaS 服务商为餐饮企业提供以下电商业务代运营服务。

- 淘宝、B2B 电商平台等全渠道电商代运营。
- 盒马鲜生、每日优鲜、超级物种等新零售渠道线上线下整合代运营。
- 餐饮企业零售电商业务发展路径规划、咨询、方案制定。
- 餐饮企业零售电商业务微博、抖音、快手等渠道内容营销与投放。
- 用户池与社群电商运营。

- 外送业务代运营。

这些代运营服务采取的收费方式是基础服务费+目标业绩提成。

（8）推荐。在 SaaS 服务商让客户感到满意，帮助客户取得成功以后，客户就可能推荐新的客户来使用 SaaS 服务商的产品或者服务。

（9）复购。当客户购买产品或者服务的使用期限满一年，且客户成功部门帮助客户取得成功时，让客户复购产品或服务的成功率将大大提高。

在客户生命周期内，对于以上 9 种可以挖掘的价值，不同的业务可以挖掘的价值不同，大家可以根据自己的业务进行挖掘。

本章小结

客户成功服务是整个获客系统中非常重要的一个子系统，如果客户成功服务没做好，就会影响 SaaS 服务商的可持续发展。

SaaS 服务商在提供客户成功服务时，需要在新手启动阶段、客户成长阶段、可能流失客户挽回阶段这 3 个不同的阶段提供相应的服务，助力客户成功。

第 3 部分

关于战略、商业模式、业务经营的思考

第 10 章　对 SaaS 战略全貌的理解

> 💡 **本章要点：**
> - 战略的十大学派思想。
> - 如何找到自己的战略势能。
> - 坚持战略和制定战略同等重要。

本书第 1 章详细介绍了 SaaS 产品战略，以及制定战略目标的思路。第 1 章只介绍 SaaS 产品战略，而不从公司层面系统性地介绍 SaaS 战略的原因主要有两个。

- 第 1 章只是介绍产品战略制定的思路，以便推出 SaaS 产品规划、SaaS 产品设计、SaaS 产品的研发与管理的内容。
- 更系统性的战略问题被放在第 3 部分。

第 10 章　对 SaaS 战略全貌的理解

10.1　战略的十大学派思想

由于战略是一个复杂、体系化的系统工程，也是一个不太容易讲清楚的话题（讲浅了说不明白，讲深了又过于复杂），因此笔者一直比较困惑，应该怎样才能既把战略讲清楚，又不让讲解复杂难懂。

有一天，笔者意外发现了一本堪称战略界宝典级的书——《战略历程（第2版）》[①]，如获至宝。该书详细描述了横跨半个多世纪的战略发展全景图，列举了战略的十大学派思想：设计学派、计划学派、定位学派、企业家学派、认知学派、学习学派、权力学派、文化学派、环境学派、结构学派。

（1）设计学派：战略的形成是一个孕育过程。

设计学派是战略形成过程中最具影响力的学派之一，该学派提出的主要概念一直是大学生和 MBA（Master of Business Administration，工商管理硕士）战略课程的基础，也是战略管理实践的重要组成部分。

设计学派认为，通过各种工具的分析与运用可以找到战略。

例如，通过 SWOT 分析，分析企业内部的优势和劣势，分析企业外部的机会和威胁，将优势与机会匹配，可以找到战略。

又如，通过 PEST 分析，分析政治、经济、社会、技术环境，可以找到企业的生态位和打法。

（2）计划学派：战略的形成是一个程序化的过程。

计划学派认为，战略的形成是一个程序化的过程，战略是一步一步被计算出来的。很多企业会成立专门的部门，花很多心思研发自己制定战略的模型。而这些模型都需要各种各样的数据输入，企业按照模型中的方法，一步一步计算出战略。

（3）定位学派：战略的形成是一个分析过程。

这里所说的定位不是聚焦品类，占领用户心智，而是从无限的选择中，确定几个可以通用的战略。

---

① 《战略历程（第 2 版）》的作者是亨利·明茨伯格、布鲁斯·阿尔斯特兰德、约瑟夫·兰佩尔，于 2012 年由机械工业出版社出版。

这是什么意思呢？举例来说，100个客人在吃饭时可能会提出100种不同的菜品需求。但是定位学派的厨师将客人主要分为3种，所以只提供3种菜品供客户选择。

定位学派把无限的战略简化为有限的选择。例如，迈克尔·波特提出的成本领先战略、差异化战略和细分市场战略就把企业无限的战略简化为3种有限的战略。

（4）企业家学派：战略的形成是一个构筑愿景的过程。

人生路漫漫，环境复杂多变，我们都会遇到挫折，都会阶段性迷茫，都有可能在不确定的现实深林里迷路。这时，企业家需要构筑愿景，找到指引方向的北极星，指引团队前进。

（5）认知学派：战略的形成是一个心智过程。

认知学派认为，战略的形成是一个心智过程，战略是人们在信息不充分的情况下，根据认知水平做出的决策。战略是由企业家的认知水平决定的，而企业家的认知水平受限于人和环境的不确定性。因此，企业家需要不断提高自己的认知水平。一个企业家的视野决定了一家企业的格局与未来。

（6）学习学派：战略的形成是一个涌现过程。

学习学派认为，战略是不存在的，战略是过去已经成功的企业家对过去路径的总结和美化。

学习学派认为，不管是企业家的认知能力，还是外部的环境，都在变化，怎么才能制定战略？只能是走一步看一步，边走边学，在前进的过程中，战略就自然而然地涌现出来。

（7）权力学派：战略的形成是一个协商过程。

在市场中，除了企业和客户，还有很多利益相关者，如合作伙伴、竞争对手等。因此，做业务，企业不仅要思考自己应该怎么做，还要思考别人会怎么做。

在多个角色参与的市场中，战略的形成是一个协商过程，在协商过程中，谁掌握了稀缺资源，谁就是具有优势的一方。

在协商的过程中还会出现博弈、妥协、联盟。

（8）文化学派：战略的形成是一个集体思维过程。

文化学派认为，战略的形成是一个集体思维过程，只要企业有一个好的文化，战略就会自然而然生发出来。

（9）环境学派：战略的形成是一个适应性过程。

环境学派认为，组织外部存在一种强大的力量，这种力量可以被统称为环境。当环境发生变化时，组织需要花时间应对这种变化，并重新调整自己的战略。也就是说，战略需要不断被调整，不断适应环境的变化。这很像达尔文的进化论——适者生存。

（10）结构学派：战略的形成是一个变革过程。

笔者认为，前面讲的9个学派的理论都属于结构学派的知识点，结构学派提供了一种整合所有其他学派观点的方法。结构学派认为，在每个不同时间段都应该有不同的战略，它把时间轴加入思考当中。

以上就是战略的十大学派思想。下面笔者通过一个SaaS创业项目的不同时间段战略的形成过程，带大家体系化地感受一下战略的形成过程。

笔者的一个朋友在2017年进入SaaS赛道开始创业，当时根据PEST、SWOT等多种战略思考模型的分析（对设计学派思想的运用），以及他多年的从业经验（对认知学派思想的运用），他梳理出的战略如下：建立一个乡村旅游平台，帮助商家销售产品，方便游客查看及预订产品。

在经营一段时间后，他发现商业逻辑不通。作为创始人，他提出了企业的愿景——运用数字化能力帮助行业内的企业解决业务问题，成为行业内最大的数字化服务商，通过愿景号召大家不断探索、前进（对企业家学派思想的运用）。

通过不断探索、学习，他发现了一个新机会（对学习学派思想的运用）——给景区提供智慧营销SaaS软件，帮助景区解决私域流量的建立与精细化运营问题，并制订了产品、市场、销售等周密的经营计划（对计划学派思想的运用）。

在前进的过程中他又遇到了挑战——出现了强大的竞争对手，而且市场空间越来越小（对环境学派思想的运用）。于是，他重新梳理战略，梳理出一个新的细分市场，并采用了细分市场战略（对定位学派思想的运用）。

以上就是一个企业在经营过程中，在不同时间段运用不同的学派思想推演出战略的案例。

10.2 如何找到自己的战略势能

SaaS 创业就像做生意，做生意讲究战略势能，势能不对等的生意没法谈。如果没有战略势能，你想要服务的客户不相信你，你就没有向客户提供产品和服务的机会。只有你具有战略势能，客户才愿意相信你，你才能用较低的交易成本取得与客户的合作，给客户提供优质的产品和服务。因此，企业一定要想办法构建自己的战略势能。

那么，企业如何才能构建战略势能？构建战略势能的基本方法有以下几种。

- 通过创始人或者创始团队的过往经历、背景构建战略势能。
- 通过融资、知名企业背书构建战略势能。
- 通过产品的品牌知名度、创始人的人脉资源构建战略势能。
- 通过降维打击，以快打慢来构建战略势能。
- 通过和行业内的标杆企业合作来构建战略势能。

以上是构建势能的基本方法，但对 SaaS 创业企业来说并不是最合适的可持续地构建战略势能的方法。而只有帮助客户成功，SaaS 创业企业才有可能构建战略势能。为什么这样说？下面进行战略势能模型的逻辑推演，推演过程如图 10-1 所示。

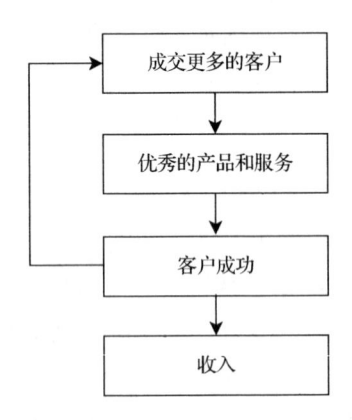

图 10-1　战略势能模型的逻辑推演过程

对创业企业来讲，创业的目的是盈利。如何才能盈利？对 SaaS 创业企业来讲，只有帮助客户成功才能盈利。

如何才能帮助客户成功？提供正确的产品和服务才能帮助客户成功，实现降本增效。

如何才能提供正确的产品和服务？通过和更多的客户产生联系并深度服务客户，企业能更好地感知客户需求，从而提供与客户匹配的解决方案，即正确的产品和服务。

如何才能以更低的交易成本成交更多的客户？答案是拥有客户成功案例。只有同行业有很多客户使用你的产品和服务解决了实际业务问题，你帮助客户成功了，才会有新的客户愿意相信你，你才能以更低的交易成本和客户成交。有更多的客户成功，你就会有更多的收入。

因此，SaaS 创业企业构建战略势能的关键点是帮助客户成功。

10.3　坚持战略和制定战略同等重要

在有了战略以后，我们就要推进战略的落地执行。一般来说，战略的落地执行要经过多个自下而上、自上而下的过程。这是一个漫长且艰难的过程，在这个过程中，我们会遇到很多诱惑，可能导致我们放弃之前制定的战略而去追求新的机会；我们会遇到很多质疑、很多困难，并可能因此产生放弃的想法。

但是，在创业过程中，不管是何种原因，轻易放弃战略都是不可取的，坚持战略和制定战略同等重要。创业者应该保持清醒且坚定的信念，形成战略制定、战略落地执行、检查战略结果的闭环管理。

本章小结

本章重点介绍了如下内容。
- 战略的十大学派思想，包括设计学派、计划学派、定位学派、企业家学派、认知学派、学习学派、权力学派、文化学派、环境学派、结构学派。
- 对 SaaS 创业企业来讲，构建战略势能的关键点是帮助客户成功。
- 坚持战略和制定战略同等重要。

第 11 章　SaaS 商业模式的梳理

> 💡 **本章要点：**
> - 为什么要梳理商业模式。
> - 什么是商业模式。
> - 认知客户价值。
> - 创造客户价值。
> - 传播客户价值。
> - 交付客户价值。
> - 创造企业价值。
> - 价值支撑活动。
> - 竞争壁垒。
>
> 本章会根据笔者的理论研究和实践经验，从一个全新的视角来讲解如何进行 SaaS 商业模式的梳理。

第 11 章 SaaS 商业模式的梳理

11.1 为什么要梳理商业模式

在当前的经营环境下，任何一家企业都要梳理商业模式，SaaS 创业企业也不例外。为什么要梳理商业模式？至少有以下 3 个原因。

第一个原因：一般创业者开始创业都是因为有一个好点子，而一个好点子并不足以形成一个完整的商业闭环。创业者只有围绕好点子，系统、完整地梳理好点子的商业逻辑，才能推动好点子进一步发展。

例如，假设你想做 CRM 系统，那么你需要围绕这个点子展开思考：你需要用什么样的商业模式推动业务的发展，才有可能做成像纷享销客等这样的企业。

第二个原因：在推进创业项目的过程中，最让人感到煎熬的不是创业项目失败了，而是苦熬着、怀疑着，不断反问自己的创业项目到底有没有价值、该不该坚持。而判断创业项目到底有没有价值、该不该坚持的关键是判断一个创业项目有没有形成商业闭环，因此创业者需要对创业项目的商业模式进行系统的思考，如果形成了商业闭环就该坚持，如果没有形成商业闭环就该放弃。

第三个原因：在业务发展一段时间后，市场上的产品开始饱和，业务不赚钱了等各种负面影响可能会出现。这时，创业者需要重新审视商业模式，找出问题所在，并思考如何解决这些问题，从而找到新的突破口。

11.2 什么是商业模式

关于什么是商业模式，不同的学派有不同的定义和解读，也给出了商业模式的不同思考方法。例如，北京大学汇丰商学院的副院长魏炜指出，商业模式是利益相关者的交易结构。

有效的商业模式可以创造新的增量，让每个利益相关者都获得更多的利益。例如，《商业模式新生代》的作者亚历山大·奥斯特瓦德和伊夫·皮尼厄提出一套叫作商业模式画布的工具，把设计和表达商业模式变得简单、高效，如图 11-1 所示。

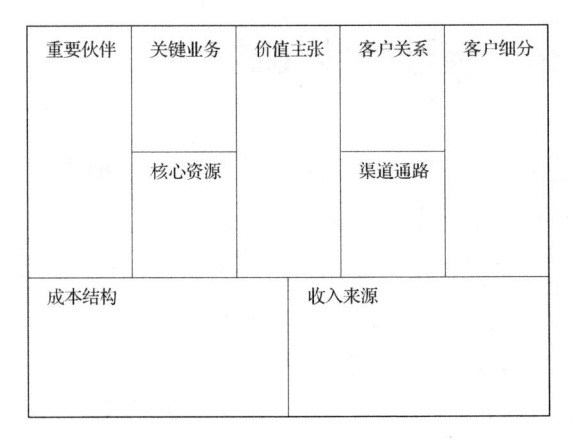

重要伙伴	关键业务	价值主张	客户关系	客户细分
	核心资源		渠道通路	
成本结构		收入来源		

图 11-1　商业模式画布

商业模式画布列出了商业模式包含的 9 个要素，我们在梳理商业模式的过程中，要把商业模式画布中的 9 个要素梳理清楚。

又如，《精益创业实战》的作者莫瑞亚把商业模式提炼成了精益画布。精益画布可以用于思考和讨论可能的商业模式，如图 11-2 所示。

问题 最需要解决的3个问题 1	解决方案 产品最重要的3个功能 4 关键指标 应该考核哪些指标 8	独特卖点 用一句简明扼要但引人注目的话阐述为什么你的产品与众不同和值得购买 3	门槛优势 无法被对手轻易复制或者买去的竞争优势 9 渠道 如何找到客户 5	客户群体分类 目标客户 2
成本分析 争取客户所需的花费 销售产品所需的花费 网站架设费用 人力资源费用等 7		收入分析 盈利模式 客户终身价值 收入 毛利 6		

图 11-2　精益画布

莫瑞亚给出的精益画布中同样包含 9 个要素，我们对商业模式进行梳理，也是在对精益画布中的 9 个要素进行梳理。

商业模式画布和精益画布之间有着共通的地方，都想表达同一个意思：给谁提供了什么产品和服务，创造了什么客户价值，如何找到客户并把产品交到客户手上，给企业带来了什么收入，企业的长期竞争壁垒、核心资源是什么。

笔者根据自己的理论研究和实战经验，给出一个全新的商业模式的梳理逻辑，如图 11-3 所示。

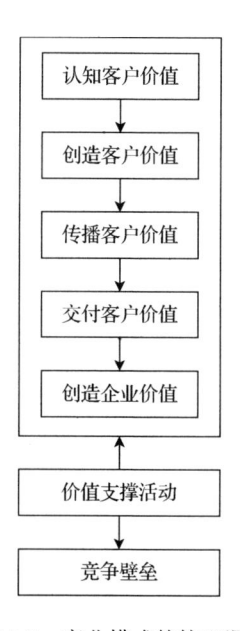

图 11-3　商业模式的梳理逻辑

图 11-3 包含 7 个模块，模块与模块之间有一定的逻辑关系。

- 认知客户价值模块。只有对客户需要什么价值、有什么需求有一定的认知，才会有一个项目的开始。
- 创造客户价值模块。在知道客户有什么需求以后，我们就要着手开始给出解决方案，提供相应的产品和服务。
- 传播客户价值模块。我们有好的产品和服务，需要进行营销、推广、销售，让客户知道。
- 交付客户价值模块。在和客户成交后，我们需要把产品交给客户、提供售后服务。
- 创造企业价值模块。我们发现客户需求，给出解决方案，把产品销售给客户，最终目的是给企业创造价值，让企业获利。
- 价值支撑活动模块。为了实现以上 5 个模块的价值，企业需要进行一系列的经营活动。

- 价值壁垒模块。在经营的过程中，通过实现以上 6 个模块的价值，或主动或被动地形成企业的竞争壁垒，形成业务的可持续发展。

下面对这 7 个模块一一展开介绍。

11.3　认知客户价值

对认知客户价值模块的梳理要解决的问题是，通过市场调研、客户访谈等方法，找到客户的需求，发现市场的空白点。只有找到了客户的需求，才能知道如何为客户创造价值。

客户购买 SaaS 产品是为了解决其经营过程中的业务问题，所以创造有价值的产品的第一步是想清楚客户有什么业务问题可以通过 SaaS 产品得到解决。在梳理清楚客户有什么业务问题待解决以后，就可以进入创造客户价值模块。

关于如何找到客户需求更详细的介绍，读者可以阅读本书第 1 章和 2.2 节的内容。

11.4　创造客户价值

在找到客户的需求后，我们就需要给出解决方案，设计出产品和服务来帮助客户解决问题，为客户创造价值。

对 SaaS 服务商来讲，在进行产品规划和设计时，不仅要考虑产品的通用性（也就是如何满足不同客户的通用需求），还要考虑如何满足不同客户的个性化需求。具体如何去满足，读者可以参阅本书第 2 章和第 3 章的内容。

这里做一个补充，在给出解决方案时，我们要牢记一个标准：给客户创造独特的价值来规避竞争，通过差异化的思路来为客户创造价值。

我们经常提到竞争对手分析，分析的目的不是抄袭竞争对手的做法，而是寻找不同，只有创造出的价值不同，才能和类似的 SaaS 服务商共赢，而不是靠打价格战等进行恶性竞争。

一般来说，在 SaaS 服务商中，创造客户价值由产品部门负责。

11.5 传播客户价值

对传播客户价值模块的梳理要解决的问题是，梳理出产品能为客户解决什么问题、能带来什么效果、卖点是什么。

通过价值的传播，影响客户的购买决策，主要是希望实现以下目的。

- 让客户认识到自己有需求。
- 影响客户的购买意愿。
- 建立品牌资产。
- 持续强化品牌态度。
- 促进客户成交。

在企业的日常经营中，市场部门经常做的活动运营、内容运营、渠道运营，以及销售部门所做的销售工作等都是在向客户传播价值。

一般来说，在 SaaS 服务商中，传播客户价值由市场部门和销售部门负责。

11.6 交付客户价值

在成交客户后，我们需要向客户交付价值。我们需要辅助客户完成产品的实施、安装，让客户开通账号，对客户进行产品使用的培训，让客户可以轻松使用产品。客户成功服务部门会持续提供运营服务，助力客户成功。

一般来说，在 SaaS 服务商中，交付客户价值由客户成功部门负责。

11.7 创造企业价值

找到客户的需求，给出解决方案，把产品销售给客户，给客户持续提供服务的最终目的是给企业创造价值，让企业获利。

在整个商业模式的所有要素中，盈利是非常重要的要素，SaaS 服务商只有盈利了，才能证明自己有价值，才能实现可持续发展。影响利润的两个关键因素是成本和收入。

SaaS 服务商的成本主要有以下几个方面。

- 产研成本，即产品和研发的成本，包括产品人员和研发人员的工资、奖金、五险一金费用，与其他技术支持（如购买服务器）相关的费用。
- 获客成本，包括市场人员、销售人员、渠道人员的工资、奖金、五险一金费用，以及与准备宣传物料、办会、参会、投放渠道广告相关的费用。
- 服务成本，包括客户成功服务人员的工资、奖金、五险一金费用、差旅费用。
- 行政成本，包括行政相关人员的工资、五险一金费用。

SaaS 服务商的收入主要有以下 3 种来源。

- 订阅式收费，包括按购买的版本收费、按使用量收费、按购买的功能收费、按购买的产品+一定量的代运营服务收费等。
- 按效果收费，如电商类 SaaS 业务按交易提成来收费。
- 混合收费，包括订阅式收费+按效果收费+增值服务收费等，这种收费模式多被国内的 SaaS 服务商采用。

从理论上讲，为了提高利润，就要想办法提高收入，或者降低成本。

以上成本，行政成本可以尽量降低。对于其他 3 个方面的成本，SaaS 服务商需要去平衡，合理地在各方面投入费用，从而达到盈利的目的，而不是一味地考虑降低成本，否则就可能导致产品没有竞争力，客户不愿买单。如果降低市场销售费用，就可能导致获客数量减少；如果降低客户服务成本，就可能导致产品使用效果差，就不会带来客户续费。

特别是初创型 SaaS 服务商，由于资金紧张，不该花的钱一定要省。例如，在办公大楼方面，够用即可，不用太豪华，各种办公设备可以租用，而不必购买新的；在研发费用方面，不要一开始就开发各种功能，能保证最小可使用、开发出核心价值点功能即可，要降低研发成本；在市场、销售方面，初期只是为了验证市场，只招一两个人或者由创始团队亲自来做即可。

11.8 价值支撑活动

为了实现客户价值和企业价值，企业需要设计一系列经营活动，其中包括以下几种活动。

- 招聘产品、技术、市场、销售、客户服务等工作人员。
- 为各部门分配工作并制定工作流程。
- 向外探索更多的合作机会，寻找更多的合作伙伴。
- 不断积累企业的核心资源，如品牌、客户资源、渠道资源等。

只有通过以上一系列的精细化运作，才能最终实现客户价值和企业价值。同时，不同的业务特征及不同的企业背景决定了不同企业的人员排兵布阵不同，工作流程、组织协助方式不同，拥有的合作机会不同，积累的核心资源不同，从而使企业与企业之间出现了一定的差异，进而形成竞争壁垒。

11.9 竞争壁垒

SaaS服务商在经营过程中要有构建竞争壁垒的经营意识（竞争壁垒可被理解成护城河，也就是不易被他人模仿的要素）。其实不仅SaaS服务商要这样做，所有企业都应该这样做。

关于竞争壁垒的问题，应该是企业的创始人被投资人问得最多的问题。不同的创始人会给出不同的答案，如技术能力、产品能力、团队、资源优势、先发优势等。但是笔者认为这些都不能构成企业的竞争壁垒。

那么，什么要素才能构成企业的竞争壁垒呢？常见的有以下4种。

（1）无形资产。无形资产是指无法简单地用金钱衡量的东西，如品牌、专利等。

（2）网络效应。通俗地说，使用产品的人越多，产品就越有价值。例如，如果只有你一个人有电话，那么电话毫无用处，而拥有电话和使用电话的人越多，电话的用处就越大。

（3）客户的转换成本。客户的转换成本越高，竞争壁垒就越高，通过先发优势获取的客户就不会轻易流失。例如，对于OA产品这样的办公软件，客户如果要更换其他新产品，就需要从头学习一遍，客户的转换成本就非常高。

（4）成本领先。在同一类型的业务中，成本领先一直是竞争的有效手段之一。成本领先可能来自规模效应，可能来自先进的技术，也可能来自企业步步为营的长期经营。

以上 4 种构成竞争壁垒的要素，在 C 端业务领域有其可行之处，但在 SaaS 业务领域，其作用都极其有限。

SaaS 服务商的竞争壁垒来自更细分的市场。如果不是更细分的市场，那么可能带来的结果之一是，你花了很多金钱和时间才探索出一个可行的解决方案和可行的商业模式，但是当那些拥有优势资源的企业切入市场时，由于他们拥有更好的技术、更好的人才、更多的资金等，他们做得比你好，于是你的市场就会被他们抢占。

因此，正确的做法就是，在一个较小的细分市场中建立自己的根据地（这个细分市场可能是拥有强势资源企业的盲区，也可能是强势资源企业暂时不会进入的市场，总之就是一个能守得住的细分市场）。

笔者的一个朋友在创业时切入的是聚合支付的市场，在切入市场后他的企业发展迅速，取得了超千万元的收入。后来由于客户黏性低，他为了提高客户黏性，又深度聚焦于一个行业开发 SaaS 解决方案，但在很长一段时间后，企业的现金流出现了问题，该业务就被取消了。

可以看出，这样的业务和支付相关，很多强势资源企业都在盯着这样的业务，所以通常还未等创业企业形成竞争壁垒，很多强势资源企业就会切入市场。

只有切分一个自己守得住的细分市场，并在经营过程中逐渐形成成熟的商业模式和盈利模式，获得颠覆一个行业必须具有的种种资源和能力，才能去做更大的市场。

本章小结

本章重点介绍了以下内容。
- SaaS 创业企业为什么要梳理商业模式。
- 什么是商业模式。
- 商业模式的梳理可以从认知客户价值、创造客户价值、传播客户价值、交付客户价值、创造企业价值、价值支撑活动、竞争壁垒 7 个方面来进行。

第 12 章　SaaS 业务经营的相关思考

💡 **本章要点：**

- SaaS 业务经营计划的制订。
- SaaS 业务经营的底层逻辑。
- 追求营利性增长。
- SaaS 2.0——服务即服务。
- SaaS 如何保持可持续创新。
- 如何搭建一个产业互联网平台。
- 如何提高决策能力。
- SaaS 创业失败的关键原因。

前文系统地介绍了 SaaS 战略、SaaS 商业模式的梳理等方面的内容，本章主要介绍 SaaS 业务经营的相关内容。

12.1　SaaS 业务经营计划的制订

对 SaaS 服务商来说，不管企业发展处于哪个阶段，都需要制订企业的经营计划，可以是年度计划、季度计划，甚至是月度计划。制订经营计划的目的是明确未来想要实现的目标，并据此反推，确定下一步该做什么，一步一步实现目标。

那么，SaaS 服务商应如何制订一份完整且有价值的经营计划呢？SaaS 服务商可以从以下 6 个方面入手。

- 总目标。
- 业务计划。
- 成本与利润计划。
- 投资计划。
- 融资计划。
- 产品、市场、销售、客户成功服务四大体系的重新梳理。

1. 总目标

对 SaaS 服务商来说，总目标可被理解为企业的营收。也就是说，SaaS 服务商在制订经营计划时，首先要把总营收预期制定出来，然后和团队一起实现目标。

当然，制定的目标可能完成了，甚至超额完成，也可能没有完成。如果没有完成目标，那么 SaaS 服务商在下一次制订经营计划时，就要调整总目标。

2. 业务计划

为了实现总目标，SaaS 服务商需要有一系列的业务作为支撑。业务计划的思考逻辑如下。

- 从业务层面讲，将业务分为原有业务和新业务。
- 从客户层面讲，将客户分为老客户和新客户。

将业务和客户两两组合可以得出：老业务老客户、老业务新客户、新业务老客户和新业务新客户。也就是说，继续服务老业务的老客户，可以得到老客户续购的费用；继续经营老业务，但是获取新客户，可以得到新购收入；发展新业务，继续服务老客户，可以获得增购的收入；发展新业务、发展新客户，可以得到新业务的收入。

但以上4种情况同时存在的可能性一般很小，除非SaaS服务商发展到一定的阶段，业务有一定的成熟度，开始拓展第二曲线。

如果SaaS服务商还处于初创期，即还处于产品和市场匹配阶段之前的阶段，那么最可能出现的业务情况是新业务新客户。

如果SaaS服务商处于高速发展期，那么可能出现的业务情况则是老业务新客户、新业务老客户、新业务新客户。

通过业务的计划与布局，最终实现总目标。

3．成本与利润计划

制订成本与利润计划是为了想清楚业务经营过程中的成本问题、利润问题，即评估应该投入多少成本、能获得多少利润。

成本与利润计划涉及以下计算公式：

$$利润=收入-固定成本-变动成本$$
$$收入=新客户营收+老客户营收$$
$$新客户营收=销售线索\times 线索转化率\times 客单价$$
$$老客户营收=客户续约+增购$$

SaaS服务商的成本主要包括以下几个。

- 研发成本。
- 职能部门（包括行政、人事）人员的薪资。
- 办公室的租金。
- 市场部门人员的薪资。
- 市场部门的推广费用。
- 销售部门人员的薪资。
- 客户服务部门人员的薪资。
- 销售人员及管理人员的管理提成。

在根据上述计算公式及成本推演出经营计划周期内需要投入多少成本及会产生多少利润后，SaaS服务商就可以进行投资计划的梳理了。

4．投资计划

要盈利，就需要投入资金，只有投了钱、花了钱，才有可能赚到钱。

因此，SaaS 服务商要有一系列的投资计划，明确在获取新客户、产品研发和新业务线的发展等方面的投资。

5．融资计划

业务的发展需要资金，资金要么来源于创始人自己拥有的资金，要么来源于融资。

至于如何融资、如何撰写融资计划书，这里不做详细介绍，读者可自行查阅相关书籍。

6．产品、市场、销售、客户成功服务四大体系的重新梳理

为了获得营收，SaaS 服务商需要设计一系列的经营活动。

对 SaaS 服务商来讲，最重要的经营活动是产品、市场、销售、客户成功服务方面的经营活动，因此 SaaS 服务商需要重新梳理这四大体系：这四大体系的经营活动分别应该怎么做，才能实现目标。

例如，可能思考到的问题大概有以下几个。

- 客户还有什么问题待解决？我们可以推出合适的产品帮助客户解决问题吗？
- 我们目前给出的解决方案是最佳解决方案吗？是否找到了独特的价值可以规避竞争？
- 之前的获客方式是否需要改变？
- 市场获取线索+销售转化、销售人员自开拓，这两种获客方式的占比分别应为多少？
- 在进行业务的全国布局过程中，是持续走直销路线还是加入区域代理？
- 对区域代理是设置区域保护，还是开放自由竞争？
- 各区域代理商从何而来？
- 客户成功服务应该做得重一些还是轻一些？它对成本和客户复购有什么影响？

同时，SaaS 服务商要将计划好的业绩落实到市场部门、销售部门、客户成功部门具体的人员身上。

大多数人认为市场部门、销售部门、客户成功部门这 3 个部门的业绩目标是

由上级领导制定的，部门中个人的目标是由部门负责人安排的，并由上级领导进行考核。

笔者要纠正一下这个想法，因为实际情况是，各部门的业绩目标不是由上级领导制定并分配的，而应该是老板或者高管和各部门的负责人在理解企业目标的基础上一起制定的。

同理，部门中个人的业绩目标不是由部门负责人制定的，而是由部门负责人和个人在理解企业目标、部门目标的基础上一起制定的。

这3个部门的负责人在进行部门管理时，需要做的核心工作是，通过对相关人、财、物资源的合理分配、实施、控制和优化，最终在一个量化的时间内实现某个目标。

在实现目标的过程中，部门负责人需要懂得排兵布阵，懂得需要拥有什么技能的人，以及配备什么资源才能实现目标。

正如华为公司的文化中所讲，干部的职责就是"排兵布阵、陪客户吃饭"。

如果你是某SaaS服务商市场部门的负责人，那么你可能需要把懂活动运营的人员安排去做活动运营；把懂内容运营的人员安排去做内容运营；把懂做SEM的人员安排去做SEM。之后，你可能会在某个季度或者某个月内获取多条部门认可的销售线索。

如果你是某SaaS服务商销售部门的负责人，那么你可能需要把擅长和小型企业打交道的人员安排去做小型客户转化；把擅长和大型企业打交道的人员安排去做大型客户转化。之后，你可能会在某个季度或者某个月内实现多个客户的付费转化。

如果你是某SaaS服务商客户成功部门的负责人，那么你可能需要把擅长为小型企业服务的人员安排去为小型企业服务；把擅长为大型企业服务的人员安排去为大型企业服务。之后，你可能会在某个季度或者某个月内实现多个客户的续购和新增。

关于各部门排兵布阵的内容，在实际运作过程中会有更具体的指标，在执行过程中也有很多需要注意的事项。

总体来讲，部门负责人需要记住自己的核心工作。部门负责人除了要针对不同的人要做好不同业绩规划，还要做好业绩的反馈。因为只有做好了业绩的反馈，才能形成业绩管理闭环。

也就是说，对于部门中的个人已经完成了哪些任务、还有哪些任务未完成，部门负责人需要进行分析，并给出分析结果，从而帮助部门思考出完成目标的方法。

12.2 SaaS 业务经营的底层逻辑

有的企业会持续发展，有的企业会倒闭，有的企业在苦苦经营，有的企业缺少投资，这背后的原因是什么？通过了解业务经营的底层逻辑，我们就能明白这背后的原因。

SaaS 业务经营的底层逻辑是什么？清华大学的宁向东教授在他的《宁向东的管理学课》中讲到了"三轮模型"，其实就是 SaaS 业务经营的底层逻辑，如图 12-1 所示。其实不单单是 SaaS 业务，其他业务经营的底层逻辑也包括这 3 个方面。

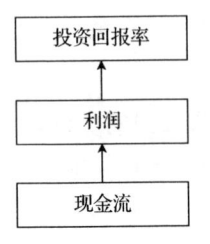

图 12-1　SaaS 业务经营的底层逻辑

1. 现金流

现金流问题通常是企业的一把手最关心的问题，其他相关负责人关心的程度相对较弱。

现金流的重要性有多大呢？可以这么讲，项目可以不盈利，但必须有一定的现金流，有了现金流就不会担心生存的问题，有了一份保险，可以让企业活下来。在此基础上，企业才能不断尝试、探索和发现新的盈利空间。

很多企业破产，或者被竞争对手远超，可能并不是因为团队不优秀，也不是因为项目不能盈利，而是因为没有现金流。

总之，在 SaaS 业务经营底层逻辑的这 3 个关键点中，现金流是非常重要的。现金流不断，是企业活下去的前提。

企业的一把手要时时判断自己的经营计划，预判现金流是否会出现断流的风险。如果发现现金流有问题，就要提前考虑融资安排，或者缩减业务线、降低业务成本、重新调整利润计划，以减轻现金压力。

2. 利润

企业要获得利润，才能保证股东的投资收益。利润也是 SaaS 服务商各业务负责人关注的指标，只有有了利润，才能保证股东和老板的利益。

当然，对处于发展初期的 SaaS 服务商来讲，由于其客户需求还处于验证阶段、产品还处于研发打磨阶段，因此只能投入成本，处于亏损状态，还需要一段时间才能盈利。

开始进入高速发展期的 SaaS 服务商要开始思考利润问题了，是否有利润、利润有多少是判断一家 SaaS 服务商是否具有可持续发展能力的关键。

3. 投资回报率

企业存在的目的有很多，如服务好客户、保护好员工的利益等，但根本的目的还是盈利，让股东得到更多的投资回报。

如果不能帮股东赚到钱，经营利润不能满足股东的回报要求，无法保证股东的权益，就没有人愿意再投资。

很多企业更换职业经理人，或者更换项目，其目的就是提高资产使用率，从而使利润达到甚至超过投资人的要求，以换来源源不断的投资。企业由小发展到大，每天要做的事情很多，但从根本上讲就是要解决投资回报率的问题。

很多传统企业在内部开发系统，并将其转变为 SaaS 产品，对外供其他企业使用，从根本上讲，也是为了解决投资回报率的问题。

12.3 追求营利性增长

增长是所有企业都绕不开的一个话题，SaaS 服务商也不例外。

在 SaaS 产品的初创期，创始人顶着各种压力，持续亏损，不断探索产品与市场的匹配度、验证商业模式。

在产品价值得到验证以后，SaaS 服务商就可以把产品卖给更多的客户。但是 SaaS 服务商不能为了那些虚假的指标去野蛮增长。

例如，为了让更多的客户使用产品，开始通过产品免费或者低价的方式去拓展更多的客户，或者不计成本地招聘更多市场人员和销售人员来拓展市场，这样做的后果往往是营收远远低于成本，扩张的地盘越大、速度越快，企业亏损的就越多。

这背后的根本原因是，没有遵循扩张的基本原则——追求营利性增长。如果没有在可盈利的基础上扩张，那么可能带来的风险就是企业的现金流出问题、企业无法盈利等。

只有企业实现了盈利，在此基础上去扩张，企业的根才会更深，企业才能走得更稳。

12.4　SaaS 2.0——服务即服务

很多创业者认为，SaaS 应该聚焦于做好产品，而不是除了给客户提供产品，还要提供代运营服务。

提供代运营服务会增加人力成本，与 SaaS 产品的高毛利有着天然的矛盾，会大大影响企业的估值。然而，在实际经营过程中，我们会发现，如果没有提供代运营服务，客户不会使用 SaaS 产品，SaaS 产品就不能给客户创造出太大的价值。

对很多 SaaS 服务商来讲，只有给客户提供 SaaS 产品+代运营服务，才能给客户创造出客户价值。如果没有给客户创造出价值，那么何来企业的估值？

目前，已经有一些细分 SaaS 服务商开始提供 SaaS 产品+代运营服务了。例如，做招聘类 SaaS 产品的 SaaS 服务商除了提供产品，还提供猎头服务；做私域流量运营类 SaaS 产品的 SaaS 服务商除了提供 SaaS 产品，还提供私域流量代运营服务。

因此，笔者认为 SaaS 2.0 的趋势就是服务（这个服务指的是 SaaS 产品+代运营服务）即服务。

12.5　SaaS 如何保持可持续性创新

由前文可知，在 2010 年前后，我国 SaaS 的发展以模仿为主；在 2015 年前后，我国 SaaS 的发展以技术驱动为主；在 2020 年前后，我国 SaaS 的发展以业务创新驱动为主。

如何创新并打造出一款 SaaS 产品？

提到创新一词，很多人会认为创新就是发明，发明一个从未有过的东西。实则不然。什么是创新？经济学家熊彼特认为创新是生产要素的重新组合。乔布斯认为创新不是创造全新的事物，而是把不同的事物关联起来，形成新事物。

因此，我们在思考创新问题时，可以先根据眼前的局势对要素进行拆解，将要素拆解到合适的颗粒度单元，然后把拆解形成的新要素进行重新组合，就可以创造出新的产品。

具体落地到 SaaS 赛道，如何用"旧要素新组合"的创新思想创造出产品？我们可以从 3 个维度来创新：价值链的维度、产业链的维度和其他维度。

1. 价值链的维度

我们做 SaaS 产品的核心目的之一是设计出一款产品来解决客户的某个业务问题。这也是市面上出现一款又一款产品来帮助企业解决营销问题、财务问题、人力资源管理问题等问题的原因。

我们如何创造出一系列高度匹配客户，符合客户需求的 SaaS 产品呢？

根据上文，我们可以把"SaaS 产品要解决价值链的某个环节的业务问题"这个局的要素拆解一下，如表 12-1 所示。

表 12-1　"SaaS 产品要解决价值链的某个环节的业务问题"的要素拆解表

供应端		需求端		
技　术	载　体	行　业	客户规模	价　值　链	场　景
大数据	App	电商	大规模企业	营销	场景 1
云计算	企业微信	旅游	中等规模企业	财务	场景 2
云支付	抖音	餐饮	小规模企业	销售	场景 3
5G	其他	体育	微型规模企业	生产	场景 4

从供应端的技术维度来拆解，"SaaS 产品要解决价值链的某个环节的业务问

题"这个局包含的要素有大数据、云计算、云支付、5G 等。

从供应端的载体维度来拆解，"SaaS 产品要解决价值链的某个环节的业务问题"这个局包含的要素有 App、企业微信、抖音、其他。

从需求端的行业维度来拆解，"SaaS 产品要解决价值链的某个环节的业务问题"这个局包含的要素有电商、旅游、餐饮、体育等。

从需求端的客户规模维度来拆解，"SaaS 产品要解决价值链的某个环节的业务问题"这个局包含的要素有大规模企业、中等规模企业、小规模企业、微型规模企业等。

从需求端的价值链维度来拆解，"SaaS 产品要解决价值链的某个环节的业务问题"这个局包含的要素有营销、财务、销售、生产等。

从需求端的场景维度来拆解，"SaaS 产品要解决价值链的某个环节的业务问题"这个局包含的要素有场景 1、场景 2、场景 3、场景 4 等（场景比较具体，也比较多样，所以这里用比较抽象的场景 1、场景 2 等来表示）。

在拆解完要素后，我们可以对要素进行组合，形成新的解决方案。举例如下。

- 技术：选择云支付。
- 载体：选择服务号内嵌 H5。
- 行业：选择旅游。
- 客户规模：选择大规模企业。
- 价值链：选择解决营销问题——引流问题。
- 场景：游客在选择门票支付时，需关注服务号才可支付成功。

在将要素组合成功后，我们得到一款帮助景区解决营销问题的 SaaS 产品，但在引流环节进行了符合景区业务经营逻辑的小创新。

- 技术：选择云支付。
- 载体：选择抖音。
- 行业：选择旅游行业。
- 客户规模：选择大规模企业。
- 价值链：选择解决营销问题——卖票问题。
- 场景：游客在抖音上观看景区推送的广告后，可直接下单购买门票。

在将要素组合成功后，我们得到一款帮助景区在抖音上卖票，可形成支付的

SaaS 产品,和其他门票系统形成了差异化。

你是否对拆解要素并进行重新组合的创新思路有了更多的了解呢?这样创新出的产品就会和其他 SaaS 产品有差异,差异来源可能是解决的问题不同、聚焦的场景不同、给出的解决方案组合不同等。

2. 产业链的维度

产业链中存在大量的上下游关系和相互价值的交换。

根据拆解要素并进行重新组合的创新思路,围绕某个产业链的整个局来看,我们可以从哪些维度进行要素拆解呢?笔者认为可以从 4 个维度进行要素拆解。

- 产业链环节。
- 交易主体有哪些。
- 交易主体有哪些资源。
- 交易主体有哪些业务活动。

将上述 4 个维度通过表格的形式来表达,如表 12-2 所示。

表 12-2 产业链要素拆解表

产业链环节 1			产业链环节 2		
交易主体	资源	业务活动	交易主体	资源	业务活动

例如,对于旅游行业,通过以上 4 个维度进行拆解,可得到如下结果。

- 产业链环节。整个旅游产业链大概包含 4 个环节:上游供应商、渠道商、媒介和营销平台、用户。
- 交易主体有哪些。各环节都有不同的交易主体,如上游产品供应商环节包含的交易主体有航空公司、酒店、景区、其他等;用户环节包含的交易主体有团体、个人等。
- 交易主体有哪些资源。例如,景区拥有的资源有资金、线下场所、私域流量等。
- 交易主体有哪些业务活动。例如,景区包含的业务活动有营销、销售、财务管理等。

又如，对于零售行业，通过以上 4 个维度进行拆解，可得到如下结果。

- 产业链环节。零售产业链大概包含 5 个环节：生产商、供应商、分销商、终端门店、消费者。
- 交易主体有哪些。各环节都有不同的交易主体，如消费者就有多种类型，如追求性价比的、愿意分享好产品给身边人的等。
- 交易主体有哪些资源。例如，消费者有一定的可使用资金、朋友群、闲暇时间等。
- 交易主体有哪些业务活动。例如，消费者可以查看产品、购买产品，还可以分享产品等。

在拆解完要素后，我们可以进行要素的组合，形成新的解决方案。例如，对于零售行业，拆解要素并进行重新组合后得到的一个创新是 S2B2C 模式。

在这个模式中，5 个环节只被保留了两个。

平台整合了生产商（生产商提供产品）；小 B 店主帮忙销售产品，小 B 店主是指有朋友群、愿意分享的消费者（小 B 店主提供流量资源、销售产品），形成一个新的交易网络体系。

从产业链环节维度来创新，最终形成的产品形态是商业模式的创新，它优化了产业链的交易结构。

补充说明：通过产业链环节创新，要保证至少实现以下两种结果中的一个。

- 提升了交易价值。
- 降低了交易成本。

例比，上如文中提到的 S2B2C 模式，中间直接去掉了分销商，降低了交易成本，使得最终到消费者手中的产品的性价比很高，这就是提升了交易价值。

3. 其他维度

每个成功的企业都是一系列创新的结果，创新是一种经营方式，企业的每个方面都需要创新。创新越多，企业的竞争力越强，企业的成长空间就越大。

因此，除了前面提到的产品创新，我们还可以在其他方面进行创新。

例如，在价格方面，当别人的定价为 1 万元时，你的定价是否可以为 5000 元？是否可以提供免费+增长服务？是否可以收取交易佣金？

又如，在渠道方面，别人的渠道商都是传统的渠道商，你能否重新开拓新的符合你业务的渠道？别人对渠道商的激励机制基本相同，你能否制定新的激励机制？别人都在做省代理、市级代理，你能否只做最优的一种？

再如，大家都喜欢轻模式，只提供 SaaS 产品，你是否可以做得重一点，提供 SaaS 产品+代运营服务？

在企业经营的过程中，创新无处不在，我们要不断探索、不断创新，找到较优的方法经营企业。

12.6 如何搭建一个产业互联网平台

前文提到 SaaS 产品是助力产业互联网发展的有力工具。为什么这么说？因为产业互联网是基于互联网技术和生态，对各垂直产业的产业链和内部的价值链进行重塑和改造，从而形成的互联生态和形态。其中，对企业内部价值链的改造，如解决企业内部的客户关系管理问题、OA 问题、财税问题、人力资源管理问题等正是 SaaS 产品的价值所在。

同时，随着 SaaS 服务商服务的客户越来越多，SaaS 服务商会积累大量的数据，这时 SaaS 服务商可以根据自己的数据优势，切入产业链上下游的双边交易市场，从而彻底改变整个产业。

因此，下面将介绍 SaaS 产品如何切入产业链的各环节，以形成一个产业互联网平台。

如何搭建一个产业互联网平台？下面有 5 个方面的思考供参考，分别为平台结构搭建、吸引与促进发展、关键衡量指标、盈利方式、如何构建壁垒。

1. 平台结构搭建

搭建一个平台就是搭建一个系统，搭建一个系统就是"将一组要素相互连接在一起，来实现一个目标"。从这句话中，我们可以提取出 3 个关键词：要素、连接关系和实现一个目标。

（1）要素。要素是指平台上的参与者。一个平台上的核心参与者是产品供应方和需求采购方。

（2）连接关系。一个平台上的参与者的连接关系是产品供应方和需求采购方的供需关系。

（3）实现一个目标。这个目标就是，产品供应方和需求采购方之间实现交易，双方都得到自己想得到的价值。为了让供需关系连接在一起，最终实现交易，我们要额外注意两点：价值单元和精准匹配。

价值单元是什么？例如，在To C业务中的电商平台上，可能卖家提供的最小价值单元是一本书，也就是说，买家只要购买一本书，就可以发生交易（半本书不可以，因为半本书不是最小的可交易的价值单元）。

而在To B业务中，价值单元就要复杂一些，要考虑的因素也要多一些。

例如，某个给中、小型餐厅供菜的B2B平台（其上连接了菜品的供应方、需要买菜的各种中、小型餐厅），菜品由菜品的供应方配送。这里给买菜的中、小型餐厅提供的价值单元包含两个维度。

- 送一次货（中、小型餐厅需要最少购买多少菜品，才可以享受免费送货服务）。
- 在选菜品时，菜品是按份来衡量的（如一份5斤），最小价值单元是份，而不是斤。

精准匹配应该不难理解，它在To C业务中很常见，通过算法，精准推送来做匹配。例如，虽然是同一个电商平台，但是在进入平台后，我们会发现每个消费者看到的页面、商品推荐都不一样，这就是精准推送。

在To B业务中也一样，只有精准地匹配供需方的需求，才能最大可能地让交易发生。

2. 吸引与促进发展

平台的发展一直面临着一个问题，那就是"先有鸡还是先有蛋"的问题。也就是平台上到底是先有供应方还是先有采购方。

当SaaS产品的客户数达到一定规模时，SaaS服务商开始做平台就不存在"先有鸡还是先有蛋"的问题，因为SaaS产品已经服务了其中一方的客户。只要交易双方都有需求，有产生交易的可能，那么再去邀请另一方参与者加入平台，就容易很多。

在促进发展方面，平台需要促进前几次的交易发生。因为对于一个新平台，可能客户一开始并不能感知它的价值，所以平台应尽量促进前几次交易，让客户初步感知到平台的价值。

3. 关键衡量指标

一个平台的发展和其他各种业务发展一样，我们需要建立一些指标来衡量平台的发展是否健康。

根据笔者的经验来看，有4个指标可以用于衡量平台的发展是否健康。

- 供需双方合作的频次。
- 供需双方的匹配度。
- 供需双方合作过程中的转化率。
- 供需双方合作过程中的客户满意度（这个不可量化的指标始终要考虑）。

（1）供需双方合作的频次。

只有双方合作的次数多了，平台的价值才能体现出来，平台的商业变现能力才会更强。例如，一些平台的利润来源于供需双方交易后的交易额分佣，或者在客户发生交易后，平台提供物流服务，从物流中获利。但不管是哪种方式，都需要双方产生合作，才会有价值。

（2）供需双方的匹配度。

如果供需双方经常打开平台来匹配需求，但是匹配度特别低，供需双方在平台上一直找不到自己想要的东西，平台推送的东西也不是自己想要的，那么随着时间的推移，供需双方都会认为平台没有价值，从而流失。反之，如果供需双方都能在平台上找到自己想要的东西，他们就会认为平台有价值，从而对平台形成依赖。

（3）供需合作过程中的转化率。

只有关注了转化率，才知道转化率如何，才知道如何优化操作路径、优化匹配策略。

（4）供需双方合作过程中的客户满意度。

这个指标平时容易被忽略。有的人认为只要给客户带去价值了，客户就会满意。其实不然，客户的满意度来源于多个方面，而不单单是得到了价值。例如，经常大量地给客户推送提醒消息，显然会打扰客户，客户的满意度就会降低。

4. 盈利方式

一个平台想要持续发展，就必须解决盈利问题。那么，一个To B型平台，其盈利方式主要有几种呢？这里整理出 3 种供大家参考：收取准入费、收取交易佣金和收取增值服务费。

（1）收取准入费。这是平台的盈利方式之一。但它有一个缺点，那就是会导致平台的发展较慢。为什么会这样？原因如下：供应方的客户数增加，需求方的客户数也会跟着增加，随着需求方客户数的增加，供应方的客户数也会增加，生态系统就会越来越大，形成网络效应；如果要收取准入费，不管是收取哪一方的准入费，都会抑制这一方客户数的增加，平台的发展就会变慢。

（2）收取交易佣金。这是客户最愿意接受的方式之一，也是很多平台的主要盈利方式。

（3）收取增值服务费。也就是说，客户使用平台是免费的，产生交易也不用支付交易佣金，平台通过提供其他一些增值服务来收费，如提供物流服务、金融服务等。

5．如何构建壁垒

平台型产品有一个天然的壁垒优势，那就是网络效应。

除了网络效应，还有一点，那就是利用数据的价值。如果竞争对手没有数据，就无法创造精细化价值，这就意味着他们拓展客户有难度，进而其获取数据的能力会受到限制。

数据可以显著增强平台企业及平台上合作伙伴的能力，进而使双方成功。

综合来讲就是，平台可以通过网络效应和数据价值来构建自己的网络效应。

12.7　如何提高决策能力

企业的高层管理者每天都要做决策。一系列的决策组合在一起，就形成了最终的结果。

如果你是一个产品负责人，那么你的一系列决策最终会决定你的产品长成什么样、中间经历了多少迭代与重构。

如果你是一个业务负责人，那么你的一系列决策最终会决定你的业务的成败、决定你能否成为行业领导者，实现可持续发展。可以说，人生就是一系列决策、选择的结果。

既然决策如此重要，那么高层管理者应该如何提高自己的决策能力呢？高层管理者可以从以下两方面入手。

1. 解决问题的能力

做决策就是要解决问题。一般来讲，高层管理者都具有一定的解决问题的能力，其拥有的理论知识、实践经验等都在一定程度上支持其有更强的能力去解决问题。

2. 预见和补救的能力

虽然高层管理者都有一定的解决问题的能力，但不一定具有预见和补救的能力。有的人认为决策是发现问题、分析问题、给出解决方案的过程，但实际情况并不是这样的，决策不是一锤子买卖，还要考虑决策后可能会出现的一系列结果，以及出现不好的结果时是否有补救的办法。

高层管理者拥有的预见和补救的能力不同，其所做的决策就有所不同。

以 SaaS 创业为例，一个第一次创业的创业者拥有百万元资金，于是开始租办公室、招兵买马，并认为可以在 3 个月内做出产品，在半年内卖出产品，开始盈利。

可能这位创业者拥有解决问题的能力，也知道如何做产品、市场、销售等业务，但是他可能没有预见到产品可能用一年的时间都做不出来，或者产品在做出来后不被市场认可，还需持续迭代；可能没预见到还未见到胜利的曙光，现金流就断了，但是由于产品还不成熟，他无法实现融资，没办法补救。

又如，另一个想做 SaaS 业务的创业者也有百万元现金，也知道 SaaS 业务是一个耗时长、产研费用高的业务，能预见到创业后会遇到的各种坎坷，尤其是他的现金力量薄弱，在短时间内实现融资的可能性不大，如果现金流出现问题，他就没办法补救，他的创业决策就会不同。他可能做其他业务，不做 SaaS 业务；可能招最少的人，从代运营开始切入，有正向的现金流，在服务商家的过程中，再去做 SaaS 业务等。也就是说，创业者拥有的预见和补救的能力不同，其所做的决策就不同。

12.8　SaaS 创业失败的关键原因

创业者创业的终极目标是追求成功，但取得成功的人不多，我们能做的事只有不断提高成功的概率。成功的原因各有不同，失败的原因大多类似。所以复制成功者的方法不一定能让你成功，但避开失败者踩的坑一定会提高你的成功概率。正所谓，看别人的失败，悟自己的事业。

笔者整理了 13 种 SaaS 创业失败的关键原因供大家参考，牢记这些原因，尽量避开一些坑，可以提高创业成功的概率。

1. 产品的价值不足

SaaS 创业和 C 端业务创业有一个很大的不同：在做 C 端业务创业时，创业者发现的需求很有可能是一个伪需求，即客户根本没有需求。这也是大多数创业者失败的原因。

而在 SaaS 赛道，基本没有伪需求这种说法，客户的需求都是真实存在的。企业客户购买 SaaS 产品是为了解决企业经营过程中的业务问题，SaaS 服务商寻找客户需求就是在思考要解决客户的哪个业务问题。

客户的业务问题大概有 CRM、人力资源、ERP、推广营销、财税、OA 等。这些业务问题还可以被继续拆解，如 CRM 可以被拆解为解决销售问题的 CRM、解决营销问题的 CRM、解决客户服务问题的 CRM。

所以 SaaS 创业基本上不会存在伪需求这一现象。但是在找到需求后，SaaS 业务的经营会遇到很多问题，如产品不好卖、市场推广难、不盈利等。产生这些问题的根本原因是产品的价值不足。

一款价值足够的 SaaS 产品应该具有的基本特征是，价值可以量化。

一款 SaaS 产品到底有没有价值？不是服务商定性地说能为客户解决什么问题就能决定的。要衡量一款好的 SaaS 产品能给客户带来多大的价值，就要求价值可以量化。

对于价值不能量化的产品，可能 SaaS 服务商自己都不清楚到底可以给客户带来多大的价值，也很难说服客户购买产品。

在围绕需求给出解决方案，并量化解决方案能带来多大的价值以后，如何衡量产品的价值足不足呢？SaaS 服务商可以通过以下两个关键点来思考。

- 解决方案带来的价值。
- 客户付出的成本。

也就是说，解决方案带来的价值-客户付出的成本的结果远远大于0，才能判断产品的价值是足够的（其中客户付出的成本包括学习成本、使用成本、购买软件费用等）。

如果解决方案带来的价值-客户付出的成本的结果小于或等于0，基本上就可以判断产品的价值是不足的，SaaS服务商就需要提升解决方案带来的价值，或者降低客户付出的成本，最终使解决方案带来的价值-客户付出的成本的结果远远大于0。

提示：

（1）大多数SaaS创业者都会出现这样的想法"价值不够，功能来凑"。这种想法是错误的，100个价值不大的功能凑在一起，还是价值不大。

（2）有的SaaS创业者想给客户提供一体化的解决方案，这也是不可取的，原因有两点。

原因1：外部原因，客户真的需要一体化的解决方案吗？答案是不一定，客户更想要的是可以帮助其解决某个业务问题的产品。即使客户需要一体化的解决方案，但一体化的解决方案太复杂，也不利于后期的扩张、增长。

原因2：对一家SaaS创业公司来讲，公司有能力提供复杂、一体化的解决方案吗？公司的现金能支撑公司投入大量的产研费用吗？答案是否定的，SaaS创业公司的资金、人才都是极度匮乏的，并没有能力提供一体化的解决方案，也没有更多的资金支持产研工作。

综上所述，大多数SaaS创业公司失败的原因在于产品的价值不足，所以对SaaS业务来讲，在初期认真打磨出一款高价值的产品是关键。

2. 被定制服务拖累

在刚开始创业时，有的创业者因为有了一个想法、开发出一款产品，就开始去找客户；有的创业者先进入一个市场，知道了客户是谁，然后去发现客户有什么问题、自己有哪方面的资源与能力，最后设计产品；有的创业者一开始手里有几个大型客户资源，然后给大型客户提供定制服务，切入SaaS赛道。

从现实情况来讲，定制服务一定是可以做的，但是在做的过程中，SaaS创业者需要制定合适的策略,否则容易被困住,无法做出好的 SaaS 产品。

我们先来看看 SaaS 创业公司给大型客户提供定制服务的主要目的。一般来说,SaaS 创业公司给大型客户提供定制服务的主要目的主要有以下 4 种。

目的 1:有现金流进入公司,可以养活团队,同时做 SaaS 产品的探索。

目的 2:积累行业认知,为以后做 SaaS 产品做好准备工作。

目的 3:提供定制服务,赚点"小钱",不考虑做 SaaS 产品,不考虑规模化的发展。

目的 4:创始团队已经知道大概要做一款什么样的 SaaS 产品,也有提供定制服务的机会,希望在提供定制服务的过程中有足够的现金流进入团队,所以打算提供做定制服务的过程中逐渐完善 SaaS 产品的设计与开发。

针对目的 1,比较好的应对策略如下。

- 负责定制服务和 SaaS 产品的是两个团队,或者至少定制服务的产品负责人和 SaaS 产品的产品负责人是两个人。
- 先不考虑 SaaS 产品,在提供定制服务的过程中,待创始团队积累了足够的认知,再去探索 SaaS 产品。

因为很多团队(特别是第一次提供定制服务的团队)会大大低估定制服务需要耗费的时间与精力,一般上百万元规模的定制服务需求,从项目启动、预算评估、项目实施到项目验收全闭环所需要花费的时间最少为 1 年。而这个过程中的很多事都必须由项目负责人参与,如果在这个过程中项目负责人还负责 SaaS 产品,就会大大影响 SaaS 产品的质量和开发速度,最后可能带来的结果是 SaaS 产品没做好,各种费用倒是投入了不少。

针对目的 2,我们反推回来的策略是,认真做好定制服务,积累经验,积累原始资本,为开启 SaaS 产品做好相应的准备。

针对目的 3,应对策略是持续提供定制服务。

针对目的 4,最好的应对策略是,SaaS 创业公司拿出一部分人力去提供定制服务,让对 SaaS 产品应该怎么做有足够认知的团队去做 SaaS 产品,不要让 SaaS 产品团队受到定制服务业务太多的影响。如果 SaaS 产品团队受到定制服务业务太多的影响,就可能被定制服务的长周期拖垮。

笔者身边创业的朋友就有过这样的经历,由于 SaaS 产品团队长期受定制服务的影响，出现团队人员离职率高、产品迭代慢等问题，而且在产品进入市场后发现同类型的产品已经远超自家的产品，只能另寻创新突破口。

3．初期客户资源不足

在 SaaS 赛道创业，如果产品服务的客户属于中、大型客户，那么产品销售的逻辑是初期靠资源驱动，中长期靠产品力驱动。

然而，很多 SaaS 创业者并不明白这个逻辑，认为只要自己的团队能设计出一款优秀的产品，就可以把产品卖出去，接着就可以去招一些能力更强的销售人员。这样的创业者会陷入设计、开发产品，去销售，客户不满意，继续迭代产品，加功能，再去销售，客户仍不满意的恶性循环，最终可能导致公司经营不下去。

陷入恶性循环的根本原因是这类创业者不明白一款好的 SaaS 产品应该是在解决核心价值的基础上，通过客户的使用逐渐迭代完成的。

那么，初期如何让中、大型客户把产品用起来？那就是要有一定的客户资源。

SaaS 产品的生命周期可以分为可用、可卖和可规模化 3 个阶段。在可用阶段，SaaS 创业公司先需要设计出一款可用的 SaaS 产品，然后让目标客户使用产品，在目标客户使用产品的过程中迭代产品，让产品做到可卖。

服务中、大型客户的 SaaS 创业公司，在初期一定要有一定的客户资源，否则第一步很难迈出去。即使迈出第一步，服务了一两个大型客户，也会慢慢地沦为给大型客户提供定制服务的角色，很难实现规模化。

因此，初入 SaaS 赛道进行创业，如果没有品牌优势、资金实力不强，初期也没有一定的客户资源积累，那么笔者不建议从中、大型客户切入，而建议从小型客户切入。

4．现金流问题

创业者是一批很特别的人，他们与其他职场人最大的不同是，其他职场人是从赚钱开始的，而他们是从亏钱开始的。

创业者刚开始都需要给项目投钱，并不断地投钱，直到项目可以盈利。SaaS 项目更是如此，SaaS 项目在初期是一个重研发费用投入的业务。

因此，在初期，创业者最担心的就是现金流问题。创业者要不断地储备资金进行押注，持续探索与尝试，直到创业项目取得成功。

在创业初期，创业者一方面要不断试错，试图以最小的成本验证产品的价值，完成商业闭环；另一方面要对现金流进行严格把控，防止在项目盈利之前出现现金流断裂的情况。

现金流是非常重要的，它是公司生存的前提。有了稳定的现金流，公司才能不断地尝试、探索，去发现新的盈利空间。

所以公司一把手要时时判断自己的经营计划，预判现金流会不会出现中断的风险。如果发现现金流有问题，公司一把手就要提前考虑融资安排，或者缩减业务线、降低业务成本、重新调整利润计划，以减缓现金压力。

如果是初次创业的创业者，没有准备好一定的现金，那么笔者不建议进入SaaS赛道，而建议选择回报周期短的项目，先盈利，养活自己、养活团队才是正道。

5. 不能盈利

一家公司要能盈利，要能实现投资人的预期收益，才能实现可持续发展。

如果公司不能盈利，不能满足投资人的预期收益，投资人就不愿意继续投资，公司就会面临倒闭的风险。

从利润的维度来讲，SaaS创业公司的发展阶段大概可以分以下3个。

（1）只有投入、没有收入阶段。

SaaS创业公司在从0到1阶段，没有产品，也没有客户，不管是产品的设计、研发，还是在产品上线后找目标客户来试用，方方面面都需要资金，因此SaaS创业公司需要不断地投入资金，不断地验证产品的价值。这个阶段属于只有投入、没有收入阶段。

（2）现金平衡阶段。

从理论上讲，除去从0到1阶段的投资，盈利和需要投入的资金能达到平衡，就到达了现金平衡点。

但SaaS产品重研发，SaaS创业公司需要持续投入研发费用，所以对SaaS创业公司来说，除去产研费用，只要盈利能和其他需要投入的资金达到平衡，就到达了现金平衡点。

（3）利润平衡阶段。

收入与总成本之间达到平衡，就达到了利润平衡，收入大于投入，就产生了盈利。这个阶段也是所有公司都想达到的阶段。

但是很多 SaaS 创业公司败在了第一和第二个阶段。

在第一个阶段，SaaS 创业公司一直在探索，客户一直不愿意付费，公司一直没有收入，因不能盈利而死。

在第二个阶段，有一定的客户愿意付费，但是盈利远远小于投入，每个月都处于亏损状态。

即使处于第二个阶段，有的 SaaS 创业公司还像 To C 业务一样，进行亏损性扩张（称为免费策略，等到客户多了，就有盈利机会），也很难有机会在扩大规模后再想办法盈利，最终会因为没有现金流，又不能盈利而失败。

因此，SaaS 创业就是在做一个可持续盈利的项目，如果脱离了盈利，SaaS 创业就离失败不远了。

6．外部经营环境发生变化

对 SaaS 创业公司来说，影响公司成败的外部主要因素有 3 种：政策监管、行业竞争和黑天鹅事件。

（1）政策监管。

某些 SaaS 业务会受到政策监管的影响，而最终导致 SaaS 创业公司失败。

例如，2021 年 5 月 21 日，中央全面深化改革委员会第十九次会议召开。该会议指出，校外培训机构无序发展，"校内减负、校外增负"现象突出。该会议强调，要全面规范管理校外培训机构，坚持从严治理，对存在不符合资质、管理混乱、借机敛财、虚假宣传、与学校勾连牟利等问题的机构，要严肃查处。这样的政策就会对做教育 SaaS 业务的公司有一定的影响，甚至直接导致这类公司的转型或倒闭。

又如，金融行业是受监管程度较高的行业，SaaS 创业公司做与金融相关的 SaaS 业务就要时刻关注政策监管、法律法规等风险。

（2）行业竞争。

如果切入的 SaaS 赛道竞争激烈，那么 SaaS 创业者也会受到影响，正所谓，行业老大老二打架，其他追随者跟着遭殃。

（3）黑天鹅事件。

例如，受新型冠状病毒肺炎疫情的影响，很多 SaaS 创业公司被迫关闭。这样的事件不可控，SaaS创业者只能储备好现金流，想办法降本增效，提高自身的抗风险能力。

7．市场不够细分

有的SaaS创业者从一开始切入市场就注定是会失败的。因为他们一开始就选择了一个特别大的市场，而在这样的市场上，只有拥有强势资源者才能取胜。

因为这样的市场，一旦被确定是足够大且有真实需求的市场，那些拥有强势资源的企业就会进入并强行占领。

SaaS创业者只有先选择一个细分的市场切入，占领市场，形成自己的根据地，再去拓宽业务范围，才是一个好的决策。

在本书的11.9节中，笔者讲到了一个朋友创业做的业务不是更细分的市场而导致失败的案例，读者可进入11.9节查看。

8．产品入场时机不对

产品入场时机不对主要分为两种情况：一是产品入场时机太超前；二是产品入场时机太落后。

如果产品入场时机太超前，市场环境不成熟，那么产品再好也支撑不到盈利的那一天，创业就会以失败告终。

如果产品入场时机太落后，大部分市场就会被竞争对手占据，SaaS创业者就没有什么市场空间了。

从过往SaaS创业的经验来看，有的行业，在大家都还没有探索出一个可行的解决方案，已有的解决方案还没被大多数客户认可时，一些SaaS创业者就因为现金流断裂而失败了。

而有的SaaS创业者在切入某个行业提供解决方案时，与之类似的解决方案已经在行业内出现多年，且有多家SaaS服务商提供类似的服务，这样的SaaS创业者在发展一段时间后就会因为没有自己的生存空间而失败。

因此，在创业之前，SaaS创业者需要把控好创业的时机，对于什么时候该进场要有十分明确的认知。产品入场时机不对是很多创业新手会犯的错误，他们殊不知自己刚刚起步，就要面临失败。

第 12 章　SaaS 业务经营的相关思考

9. 业务过于分散

很多初次创业的 SaaS 创业者，特别是那些自认为聪明、容易发现商机的 SaaS 创业者，在创业之初很容易推出多条业务线，或者在创业过程中不断发现新的商机，并推出多条业务线。这是非常不明智的做法，因为这会损耗公司的很多资本，甚至可能导致公司倒闭。

任何公司的资源都是有限的，任何公司都在想办法如何在资源有限的前提下实现目标。对 SaaS 创业公司来讲，资源更加有限，更应该聚焦业务、聚焦目标。

一般来说，SaaS 创业者在业务分散方面比较容易犯的错误有 3 个。

（1）做毫不相关的业务。

有的 SaaS 创业者喜欢追风口，社区团购火，就推出社区团购业务；共享经济火，就推出共享经济业务……

有的 SaaS 创业者没有想清楚团队优势、公司战略、公司愿景、商业模式等，希望多线布局，认为哪怕最终只能成功一个业务，也能赚钱。

总之，做毫不相关的业务这种做法是不可取的，因为人力资源、资金资源都是有限的，做毫不相关的业务，基本上毫无胜算。

（2）根据自己的资源优势做了多条业务线。

有的 SaaS 创业者在刚开始创业时发现，自己在很多行业都有一定的客户资源积累，于是开始围绕有客户资源的行业布局 SaaS 业务。

这也是不可取的做法，SaaS 业务是迭代周期较长的业务，包括设计产品、开发产品、市场获客、销售、客户成功服务等。

如果同时做多个行业，就相当于有多套体系同时存在（其需求挖掘、销售话术、客户成功服务关键点等都有所不同），就会增加公司业务经营的复杂度，使公司被复杂的业务经营拖累，最终倒闭。

正确的做法应该是首先聚焦于一个行业，在一个行业形成突破，再把成功的经验复制到其他行业。

（3）为了做好 SaaS 业务，重资本运营线下业务。

有的 SaaS 创业者在进行 SaaS 创业时，没有想好 SaaS 业务应该怎么做，又或者刚开始想好了怎么做，但是在做的过程中发现自己做出的产品客户不愿意买单，于是重资本运营线下业务，试图通过线下业务的运作，切身感受客户的"痛点"

与需求。

从战略层面来讲，做产品的思路，笔者是认同的，通过重度参与与客户相关的业务环节运营，去学习、更新认知、深度地发现客户需求，之后给出解决方案，创造出产品。但是很多躬身入局线下实体的SaaS创业者低估了线下实体事务的琐碎程度，以及相关资源的投入度。

例如，某餐饮行业的SaaS创业者为了做出一款好的SaaS产品，就投资开了一家餐饮门店。餐饮门店的选址、装修、买菜、做菜、接待客户、营销等各环节都有很多非常琐碎的事，既消耗精力，又需重资本投入。而可能出现的结果是线下门店没有做好，线上的SaaS业务也没有做好，公司慢慢地被拖累至倒闭。

正确的做法是，SaaS创业者可以深度参与客户的某个业务环节的重度运营，从运营的过程中发现需求，给出相应的解决方案。

当然，如果出于其他原因、契机投入线下门店，同时SaaS业务线能独立出来，由一个能力较强的负责人来单独负责，也是可行的，这就相当于两个创业团队在做两件事。

10．融资能力不足

一家SaaS创业公司的发展也会和To C业务一样，会经历种子轮、天使轮、A轮、B轮、C轮、D轮等不同阶段的融资。不同阶段的融资是为了解决不同的问题。

例如，种子轮的融资是为了把想法变成产品；天使轮的融资是为了验证产品与市场的匹配度；A轮的融资是为了支持产品研发的继续投入，以及扩大市场需要的费用投入等；B、C轮的融资是为了更快地占领市场；D轮的融资基本上是在围绕核心业务布局生态系统。

如果在种子轮融资失败，就没办法把想法变为产品；如果在天使轮融资失败，就没办法验证产品与市场的匹配度，不能持续迭代产品；如果在A、B、C、D轮融资失败，就很有可能在竞争中败下阵来。

11．团队问题

对一家SaaS创业公司来讲，团队是根本，没有团队，战略就无法落地实施，从而导致业务没有产出，由此可见团队对业务发展的重要性。关于团队，有3个方面需要注意，如果 SaaS 创业者没有把握好这 3 个方面，就会导致创业失败。

（1）主导者失去战斗意志。

SaaS 创业者在刚开始创业时都是满怀希望的，不断地探索，希望做一件很有价值的事，也希望给自己、团队或投资人带来丰厚的回报。然而现实总是无情的，SaaS 创业者在创业过程中需要不断地投钱，很有可能连续做了几个项目都不能形成商业闭环。这时，有的创业团队的主导者及相关核心团队的战斗意志、心理能量就会慢慢消失，这样公司就离失败不远了。

正如《总体战》一书所说："战争以一方失去战斗意志为结束。"同理，创业因创业团队的主导者失去战斗意志而失败。如果创业团队的主导者的心理建设能力强、抗风险能力强、战斗意志不消失，那么无论创业团队面临什么困难，都能坚持下来，就能提高创业成功的概率。

（2）能力不足。

创业者不仅要有发现机会的能力（大部分创业者在发现机会这方面的商业嗅觉都不错），还要有把握机会的能力。如果创业者的能力不足，发现了机会却把握不住，那么也是无济于事的。

对一家 SaaS 创业公司来讲，产品、技术、市场、销售、客户成功服务 5 个方面的经营活动都应该由相应的核心团队负责，缺失任何一个，公司都不太容易做大。而缺失产品、销售这样的团队，就可能直接导致创业失败。

因此，在关键岗位上，要么能找到合伙人，要么在初期就找一个中层管理者加入，以弥补团队能力的不足，或者在初期找相关岗位的咨询顾问加入，以弥补团队部分能力的不足。

当然，合伙团队缺失的能力不能太多，因为缺失的能力太多，仅靠招人、找咨询顾问来弥补不太现实，解决不了根本问题。

（3）信任感不足。

关于团队管理，有一句话："用人不疑，疑人不用。"可在现实中，团队中会出现上级领导对自己用的人有所怀疑的情况。如果中层管理者对下属有所怀疑，那么问题不大；如果董事长对职业经理人、CEO 有所怀疑，创始人对合伙人有所怀疑，信任感不足，就可能造成团队内耗，时间长了也会对公司业务的发展产生不利影响，甚至导致创业失败。

12. 业务闭环链条太长

为了完成业务的闭环，就需要解决一环一环的问题，链条越长，就代表着要解决的问题越多。问题多了，就会变得复杂，问题越复杂，越不好解决，越容易拖垮公司，简单、极致才是创业公司的核心。

如何才能缩短业务闭环链条？SaaS 创业者可以从以下 3 个方面去思考。

（1）产品。

在创业初期，SaaS 创业公司给出的解决方案（产品）能否只解决一个关键问题，而不是给出一套一体化解决方案？因为要解决的问题越多，产品就越复杂。

（2）市场、销售。

SaaS 创业公司进行市场运营和销售的目的是获客，并与客户发生交易。如果获客方法有很多，就不利于复制，所以获客方法有一两种就可以。获客方法越简单，越容易复制，越容易实现高速增长。

（3）客户成功服务。

在客户成功服务方面，SaaS 创业者要思考能否实现产品研发升级、客户成功服务降级的状态。也就是说，解决客户的业务问题主要靠产品，客户成功服务只是辅助，应降低对高端人才的依赖。

从上述 3 个方面缩短业务闭环链条，能让业务更快速地滚动起来。

一方面，业务闭环链条太长会让系统变得很复杂，这不利于 SaaS 创业公司后期的扩张、增长；另一方面，SaaS 创业公司的资金、人才都是极度匮乏的，并没有能力做好业务链条太长的业务，也没有更多的资金支持产研工作，业务闭环链条太长容易把 SaaS 创业公司"拖死"。

13. 运营问题

运营问题的核心在于不注重客户成功服务。随着市场的发展，SaaS 创业者基本上有了一个共识，SaaS 业务应该注重客户成功服务，帮助客户成功不仅是其要完成的事，还会影响客户口碑、续费、增购等。

如果客户成功服务做得不到位，购买产品的客户就不满意，产品的口碑就不好，就会影响其他客户的购买意愿，也会降低客户续费的意愿。

因此，SaaS 创业者要注意客户成功服务的问题，否则就会影响公司未来的可持续发展，就离失败不远了。

本章小结

本章重点介绍了 8 个方面的内容。

在制订 SaaS 业务经营计划时，可以从 6 个方面入手：总目标，业务计划，成本与利润计划，投资计划，融资计划，产品、市场、销售、客户成功服务 4 大体系的重新梳理。

SaaS 业务经营的底层逻辑包括 3 个方面：现金流、利润、投资回报率。

SaaS 的发展要追求营利性增长，而不是在没有盈利的情况下去盲目扩展。

SaaS 2.0 的趋势是服务即服务，而不仅仅是产品即服务。

SaaS 如何保持可持续性创新？我们可以从 3 个维度来创新：价值链的维度、产业链的维度、其他维度。

如何搭建一个产业互联网平台？我们可以从 5 个方面来思考：平台结构搭建、吸引与促进发展、关键衡量指标、盈利方式、如何构建壁垒。

企业的高层管理者如何提高决策能力？可以从两个方面来提高：解决问题的能力、预见和补救的能力。

SaaS 创业成功的原因各有不同，但失败的原因大多类似，导致 SaaS 创业失败的关键原因有 13 种：产品的价值不足、被定制服务拖累、初期客户资源不足、现金流问题、不能盈利、外部经营环境发生变化、市场不够细分、产品入场时机不对、业务过于分散、融资能力不足、团队问题、业务闭环链条太长、运营问题。

后记　连续创业 5 年的实践与反思

在连续 5 年的创业过程中，笔者有很多心得体会，这里整理出了 5 点供大家参考。

1. 发现机会和持续学习的能力

作为一名创业者，最重要的是要具备发现机会和把握机会的能力，二者缺一不可。

人的认知范围越广，掌握事物的本质越深入，就越能发现属于自己的机会，避开各种坑。在发现机会以后，创业者还要有把握机会的能力，否则创业之路仍无法形成闭环，也不会取得成功。创业是创业者带着一群不熟悉的人去做一件不熟悉的事，要解决许多不熟悉的问题，在这个过程中，创业者自己和团队要能持续学习并提升自己，才能解决问题，从而把握住机会。

相信每个创业者在创业的过程中都会询问自己，自己创业的目的是什么？是为了赚钱吗？大多数创业者都会给自己一个肯定的回答。

赚钱这个目的并没有错，但是带着这样的目的开始创业，容易半途而废。

为什么这样讲？原因很简单，如果为了实现赚钱这个目的，创业者开始开公司、做产品、铺市场，但是产品没有被市场认可，公司没有实现盈利，那么创业者的内心大概率会开始动摇——怀疑自己、打退堂鼓，甚至后悔选择创业。

因此，赚钱不应该是创业的目的，而只是创业成功的一个结果。那么，创业的目的是什么呢？笔者认为创业的目的是获取认知和能力。只有创业的目的是获取认知和能力，当在创业过程中没有赚到钱，公司在进退生死中挣扎时，创业者才不会动摇，因为创业者知道，哪怕自己现在把公司关闭了，也只是短期的战略性调整，未来还有机会整合资源，继续创业。

正所谓："立志要如山，行道要如水。不如山，不能坚定，不如水，不能曲达。"对待创业这件事，不应该用百米赛跑的心态，而要用跑马拉松的心态。

还记得我 2017 年开始参与创业，当时对行业、SaaS 赛道、市场、商业的认知，自己经营公司的能力、产品能力、运营能力和现在相比，已经没有可比性了。

我的认知和能力的提升完全是创业带来的结果。我相信现在创业成功的概率肯定比几年前高，因为自己认知的提升可以让我更能发现什么才是真正的机会、什么是坑。同时，我也在持续学习，不断提升能力，更能把握住机会。

就拿自己的产品能力来讲，在 2017 年开始进入 SaaS 赛道时，我对产品的认知和做好 SaaS 产品的能力都非常不足。通过在具体的行业服务一个又一个客户、做一款又一款产品，我对产品的认知及做产品的能力已经有了质的变化，这都是通过在事上练并不断精进的结果。

2. 心力

万事开头难。创业恰恰相反，创业开头并不难，创业失败并注销公司也不难，难的是创业者在做到一大半时发现事情既不像开始时那么理想，又没有糟糕到需要果断结束的地步，一直在生死进退中挣扎。

创业者在创业的过程中会遇到很多困难，需要解决很多棘手的问题，有许多不懂的需要学习，还会遇到各种没有想象到的风险等。这时，创业者需要有足够强大的心力，才能坚持下去并取得成功。关于心力，我们可以从 3 个方面来理解，分别为自我认知力、意志力、逆转力。

（1）自我认知力。

我们首先要认清自己是谁，自己有多大能耐、能干多大的事，自己的弱项是什么，然后在自我认知的基础上去选择方向、确定目标，并开始执行，从而实现目标。

如果没有认清自我的这个前提条件，那么心力、意志力都是虚的，毫无落地性可言。

如果你的认知力、资源、能力都比较弱，却选择了一个竞争激烈、需要强大的资金和人力支持的赛道，就不会有胜算。如果你还在傻傻地坚持，就不是心力强大的表现了，而是没有认清自我的表现。

（2）意志力。

选择了方向、确定了目标，还需要有强大的意志力才可以让自己坚持下去。一个意志力强的创业者能自觉地确定目标，并根据目的来支配、调节自己的行动，克服各种困难，从而实现目标。

高手与高手之间的终极竞争已经不再是能力、智力方面的比拼，而是意志力之间的较量。两个实力相当的高手，最终能赢得胜利的一定是意志力强的那一个，甚至如果一个人的智商非常高，但是意志力趋近于 0，那么他也会输给一个智商普通但意志力非常强的人。

（3）逆转力。

在创业过程中，我们会遇到各种困难、挫折，甚至还会面临公司破产的风险，逆转力强的人能理智地控制自己的情绪和心态，积极面对各种困难，并想办法解决各种困难。

综上所述，创业者首先要认清自己，找到方向；然后，要有强大的意志力，才能坚持下去，取得成功；最后，要有强大的逆转力，在到达人生低谷时，也要在绝望中找到希望。这就是心力强大带来的力量。

3. 找到自己的生态位

无论是对公司还是对个人来说，找到属于自己的生态位都是一件非常重要的事。什么是生态位呢？生态位就是在一个生态系统中真正属于自己的地盘或者位置。

从公司层面来讲，如何找到属于自己的生态位？本书第 1 章已介绍过，找生态位的本质就是在细分市场中找到自己的目标市场，找到的目标市场就是自己的地盘，也就是自己的生态位。

很多 SaaS 创业公司一开始就想布局做一个生态系统，这种想法是不可取的。

多年前的腾讯就是想做一个生态，除了自己的核心优势网络通信业务，腾讯还做了搜索、电子商务等业务，后来经过 3Q 大战（奇虎、360 公司与腾讯公司之间发生的激烈的商业战，马化腾甚至用"灭顶之灾"这个词来形容他们当时的情况）之后，腾讯恍然大悟，砍掉了大部分业务，只保留了最核心的通信和数字业务。当腾讯在不断地收缩自己的战线时，就是越来越明确地找到属于自己的生态位之时。

因此，大公司都知道做减法，找到自己的生态位，在自己的核心业务及核心能力上持续构建竞争壁垒。小规模的创业公司更应该做减法，找到自己的生态位，并做好它。

从创业者个人层面来讲，如何找到自己的生态位？

美团的联合创始人王慧文曾表示他开始与王兴合作时，王兴是 CEO。在合作一段时间后，他觉得王兴这个 CEO 让他受不了。后来他自己做了一段时间 CEO（淘房网）。做完之后，他觉得还是让王兴做 CEO 吧。他认为 CEO 太难做了。所以当你试过不同的岗位、不同的职业序列之后，你才会觉得自己在曾经的岗位上的很多视角有多傻。认识到这个非常重要。

王慧文在美团内部找到了自己的生态位——成为合伙人开疆拓土，而不是成为一把手来统筹全局。

这能给想在 SaaS 赛道创业的朋友一些启示，那就是如果没有做老大的执念，作为合伙人或者核心业务负责人参与一件大事，在公司中找到自己的位置，也是一件很幸运的事情。那样，对个人来说，创造的价值甚至可能是更大的。

笔者也是用类似的方式找到了自己的生态位，由于没有做老大的执念，也没有实力在 SaaS 赛道撑起一摊业务，因此选择了以合伙人的方式参与创业。

4．在不确定的时代如何做好自己

每个人都渴望确定性，然而现实非常残酷，这个时代充满了变化、充满了不确定性。在时代充满不确定性这个大背景下，我们应该如何做好自己？

笔者给出的答案是，拥抱不确定性，努力创造确定性。

外界环境是快速变化的，我们无法改变，所以我们要从心底接受这个事实，适应这种状态，主动拥抱不确定性，多尝试、探索新的机会。

从积极的角度来讲，越是不确定，对我们每个人来讲就越是机遇。机遇来源于不确定，在确定的环境里，已经没有太多的机会，反而对新的创业者、新的职场人不利。

除了拥抱不确定性，面对这个充满不确定性的时代，我们还要努力创造确定性，通过一部分确定性，让自己变得从容和感到安全。

我们可以创造的确定性有以下几种。

- 了解自己，让自己的内心世界变得更加有序。
- 持续学习，提升自己的专业能力，成为自己所在领域的专家。
- 储备一定的资金，以备不时之需。
- 做个长期主义者，在资产和资源的大局观下日拱一卒。

总而言之，在这个充满不确定性的时代，我们要拥抱不确定性，并努力创造更多的确定性。

5. 在职场中如何做到可持续发展

关于职场，很多读者在公众号"小飞哥笔记"中咨询的问题大概有如下几类。

第一类问题：读者 A 刚大学毕业，找了很久的工作，目前在一家互联网公司做运营工作，但她不喜欢这份工作，可是又找不到其他工作，感觉人生好难。她咨询该怎么办。

第二类问题：读者 B 刚从名校毕业，在某大公司做运营工作，以后想做项目操盘手。他感觉产品经理成为业务操盘手的可能性更大，可面试了几家公司的产品经理岗位，结果都不太理想。他咨询产品经理成为业务操盘手的可能性是否更大。

第三类问题：读者 C 工作快两年了，现在想寻求外部的机会，但是面试了一些工作岗位，发现都很难，感觉自己很迷茫。他咨询该怎么办。

第四类问题：读者 D 已经工作 3 年了，一直想成为业务操盘手，在某大公司待过，一直做创新性项目，但都失败了，目前在一家 To B 创业公司，但公司的项目目前没有客户。他咨询该坚持下去还是换工作。

以上 4 类问题都属于我们在职业发展的不同阶段遇到的困难、迷茫或职业天花板，这时我们应该如何突破自己面临的困境？下面提供 6 个思路供大家参考。

（1）有一件事可做。

毕业后，我们都要进入职场，开始自己的工作旅途。少数人经过大学期间的各种实习、锻炼，有了初步的目标，找到了一件自己喜欢的事。但大多数人不知道自己喜欢什么、能干什么，这时我们要做的就是去找到一件可以做的事，正所谓先就业大于先择业。

如何找？踏上第一个台阶便好。马丁·路德·金说："有信心地踏出第一步，你不需要看到整个楼梯，只要踏出第一步就好。"

我们还原一下这个情节。你在一间黑暗的屋子里不停地徘徊去寻找光明，但你摸索很久还一直滞留在同一平面上。忽然，你发现脚边有一个高出来的地方，尝试把一条腿踏上那个地方，你就开始了由台到阶的过程。

你可能因为偶然的原因踏上了一个台，最关键的一步把你引向一个台阶，你就一步步走上去，你发现这原来不是一个平面的屋子，而是一栋楼房甚至是一座塔。

所以，在自己还不清楚自己想做什么、能做什么的情况下，找到一件愿意做、有机会做的事，就要开始工作之旅。之后，在前进的过程中，不断拷问自己长期要什么，在对自己的反思和外界的反馈中持续成长，持续做新的选择。

这是职场进阶过程中的心法。

在工作一段时间后，有相当一部分职场人会陷入这样的困境：在找到一份稳定的工作后，就进入舒适区，没有持续地探索和成长，也没有构建自己的竞争优势，然后逐渐被社会边缘化。那么，那些想要持续探索和成长的职场人是否可以找到一种方法指导自己继续前进和探索呢？

答案是肯定的，方法就是站在更大的系统内看自己。

（2）一张系统图看清全局。

作为职场人，在有了一件可以做的事以后，我们会继续向前探索，探索更多的可能与成长。

在不断地探索与反思中，我们可能会发现自己在成长过程中遇到了天花板，没有成长的空间，这时应该怎么办？这个问题的根本原因可以归结为我们被困在了系统中。我们只能看到自己能看到的世界，只能听到自己能听到的声音。我们要学会抽身出来，从更大的系统来看自己此刻所处的位置。

我们只有突破边界，看到更大的系统，知道自己在系统中的位置，才有可能找到突破点，并自信又坚定地向前。

下面这张系统图中有6个圈，最里面的圈是自己（个人），依次往外是部门、公司、自己所属的行业或领域、不相关的行业或领域、所有机构（包括所有商业组织机构和政府部门机构）。

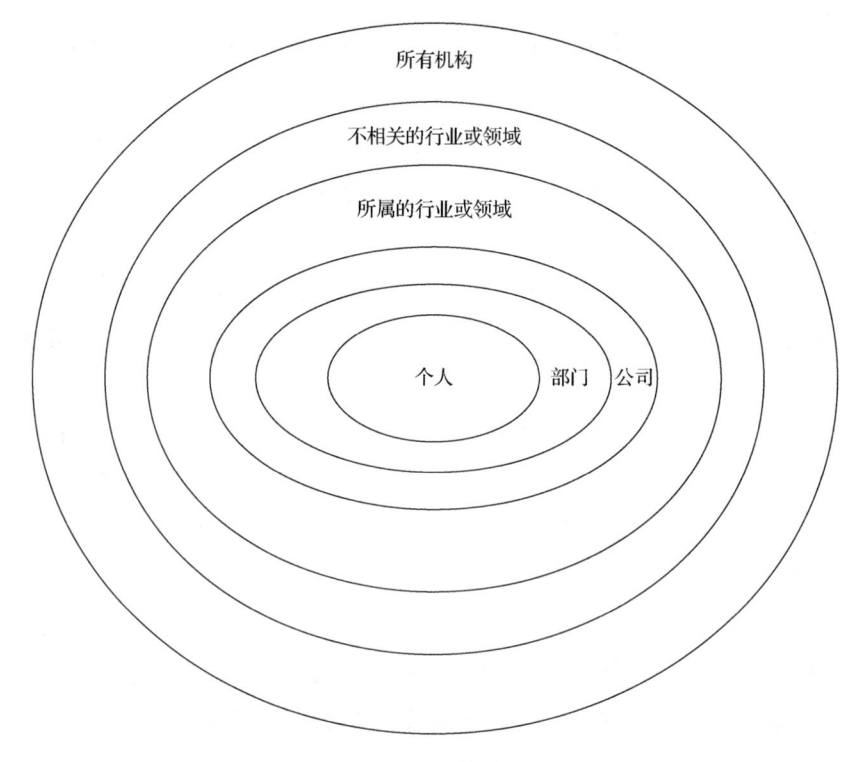

系统图

这 6 个圈从内到外越来越大，说明系统越来越大，当在小系统中被困住，无法突破时，我们只能通过跳出系统，看到更大的天地来获得成长。

如何理解并把系统图运用起来？这里用案例说明。假设某个人在一家创业公司做社群运营工作，在公司里，他觉得自己的社群运营做得还不错，在成长上遇到了天花板，想要突破自己获得更大的成长，他该怎么办？

其实这个问题有以下解法。

- 在把社群运营工作做得足够好后，在公司内部寻找做社群管理的机会，带团队做好社群运营。
- 扩大社群运营工作的边界，看看在整个运营部门还有哪些技能是自己不会的，并进一步学习、实践。
- 除了社群运营，还可以把运营系统扩展到其他部门（如产品部门、销售部门），在工作中给自己带来新的成长。
- 在同行业或同领域中换一家更大的公司，做更大业务量的社群运营工作。

- 换行业或换领域做社群运营工作。
- 不管是什么行业与岗位，换一份可以带来更大价值空间的工作。

因此，想要放大自己能力的价值，扩大思考的系统边界，还是有很多空间可以去探索的。

当然，至于这几种可以探索的空间该怎么选，我们需要结合自己长期想要获取的东西来做出选择。

（3）自我价值的重新发现。

自己想要的价值到底是什么？这不是一下子就能想清楚的事，我们需要不断探索与反思。随着自己能力的不断提升及外部环境的不断变化，自己想要的价值也会跟着变化。

对应到具体工作中，我们可能认为具体的职能是我们最擅长的，但可能会发现工作了多年，在对外寻找新机会的过程中，结果不理想，被社会无情地打击，于是我们开始怀疑世界、怀疑自己。或者，在成长过程中，我们在放大自我价值这个问题上遇到了天花板，无论怎样都突破不了，发展遇到了瓶颈。我们应该怎么办？笔者认为，这时要做的最重要的事就是自我价值的重新发现。因为可能是自己的认知局限导致自己认为的优势根本不是自己的优势；也可能是因为职场变化太快，曾经比较抢手的职业现在已不再抢手；还可能是自己发现了可以贡献更大价值的赛道，想重新做选择等。

不管是哪一种原因，我们要解决的问题都是换什么样的事来做、评估什么样的事可以发挥自己更大的价值，也就是自我价值的重新发现。自我价值的重新发现不是凭空臆造，不是任意发挥想象空间，而是根据之前的认知、能力、资源进行重新发现。

著名学者、商业观察者吴伯凡讲过一个概念——暗能力。什么是暗能力？简单地说就是，你做一件事，会培养出其他的能力，这些能力虽然在眼下不能变现，但也许未来有一天，你能凭借这些能力找到新的业务和赛道，这些能力就是暗能力。

因此，个人在进行自我价值的重新发现时，并不是表面上的改行和或者转岗，而是为原先就已经具有的暗能力找一个新的业务场景落地。

具体怎么操作？这里举个例子。笔者有一个读者，他大学毕业后在旅游行业内的酒庄做运营工作。在工作两年后,由于酒庄的发展不景气,他也没有能力让酒庄的经营有新的突破,于是决定转行,进入连锁零售水果行业做店面管理工作。在工作一年多以后,他发现这不是他想要的工作,又开始换岗,做线上业务运营工作。

从这个读者转行的过程中可以看到,他拥有的一些暗能力在支撑他转行:从酒庄转到零售行业线下门店,背后的暗能力是门店的管理能力;从门店管理转到线上业务运营,背后的暗能力是对水果选品、促销、价格等的把控能力。

(4)积极的悲观主义者。

在未来的职场发展中,我们会遇到很多事、很多麻烦,而且在解决掉一个麻烦之后,又会遇到新的麻烦。因此,我们应该做一个悲观主义者,我们要认为人生就是会遇到一系列的麻烦,解决完一个又会出现一个。同时,作为一个奋斗者,想要持续发展,想要成为职场中的王者,我们就要积极面对困难并解决困难,不断探索与成长。

只有认清职场中存在各种麻烦,并积极地迎难而上,才能做到不骄不躁、持续探索、持续前进。

可能这样比较抽象,下面举例说明。大多数人常常认为一个比较满意的职场发展路径是执行者—管理者—公司的一把手—行业领袖。

然而实际情况是这样的:笔者的一个朋友40岁左右了,目前创业,项目做得还不错,也算实现了财务自由,但他的职业发展之路很坎坷。他大学毕业后的第一份工作是销售,而且做了好几年,后来转做运营工作;之后自己创业,但连续做了几个项目都失败了,还曾抑郁过;在做好自我心理建设后,他持续找工作、换工作,在好几家大公司做过产品经理。

由此可见,他的职业发展不是一帆风顺的,但是不管遇到多大的困难,他都会不断地进行自我调整,持续解决问题,持续探索,才有了今天的收获。

因此,面对未来,我们要做一个积极的悲观主义者,但也要积极面对困难,持续探索,迎难而上。

(5)职场人的终极状态是成为业务操盘手。

我们在刚进入职场时,受认知能力的约束,常常处于被选择状态。而我们想要的终极状态是做一个自由的人,达到自由、可选的状态,成为业务操盘手。

什么样的人才算业务操盘手呢？可以对业务的盈亏、战略制定、相关经营活动设计负责的人就是业务操盘手。例如，以下几种人都算业务操盘手：一家大型公司某条业务线的负责人，或者某个项目的负责人；中、小型创业公司的创始人或者联合创始人（负责公司的日常业务经营工作）；凭借个人在专业技能上的优势，成为专家的自由职业者。

以上几种业务操盘手的区别是操作的盘子大小不同。

如何才能成为业务操盘手？大概的通关路径是执行者—局部业务的负责人—业务操盘手。我们在刚进入职场时是一个执行者，随着自己对业务越来越熟悉，开始成为局部业务的负责人。在成为局部业务的负责人以后，我们有两条路径可走。

- 打磨做好做局部业务的能力，多做几个类似的项目，成为专家，凭借专家优势，成为自由职业者。
- 在公司内部开始做更多模块的工作，直至可以负责公司或者业务的整个系统，成为业务操盘手。

例如，某人在某商业类 SaaS 公司做产品工作，开始他是一个产品专员，后来负责产品的 CRM 系统工作，或者整个产品工作。这个人成为业务操盘手的路径就是在领域内多负责几个 CRM 系统工作，或者多做几个产品工作（产品的用户体量越大越好），成为专家，最后成为自由职业者，去写书、讲课、做培训。

（6）疑问解答。

针对前面提到的读者咨询的 4 类职场问题，这里做简单回答。

第一类问题的解答：读者 A 首先要问自己为什么不喜欢，是不喜欢工作环境、领导的管理风格、工作的作息时间，还是运营工作。

如果是不喜欢工作环境、领导的管理风格等，同时工作又不好找，那么笔者建议读者 A 一边了解自己到底是想做内容运营、活动运营、用户运营，还是其他工作，一边提升自己的技能，再去面试，获得反馈，持续提升。当自己的能力达到一定程度时，就可以离开。

如果是不喜欢运营工作，那么笔者建议读者 A 沉下心来持续学习，了解全貌，给自己留出一定的时间学习，等自己沉淀一段时间后再去做判断。

第二类问题的解答：从通用层面来讲，在成为业务操盘手的路上，不论是产品、运营还是其他工作岗位都是有机会的，或者说从理论上讲可能性都是一样的。因为在一家公司内部晋升的过程中，都是先做具体的工作，负责局部业务，然后成为商业操盘手的。

从微观角度来讲，在不同类型的业务中，公司的核心竞争力不同，不同岗位所贡献的价值不同，这就导致贡献价值大的岗位上的人员成为业务操盘手的可能性更大。例如，在阿里巴巴，业务是运营人员驱动的，运营人员更可能成为业务操盘手；在腾讯，业务是产品驱动的，产品经理更可能成为业务操盘手。读者B所做的业务是电商类业务，运营人员更容易成为业务操盘手。

第三类问题的解答：读者C工作快两年了，这意味着他积累了一定的工作经验，有了一定的能力。可面试结果不理想，这时，他有两种调整路径可以选择。一是调整预期，预期过高，导致自己与用人单位不匹配，所以调整预期可以让自己与市场的匹配度更高。二是提升自己，自己为什么不匹配用人单位的需求？找出原因并持续提升自己。同时，要经常问自己，长期想要的是什么，并为此付出行动，否则，即使找到了一份想要的工作，也会遇到相应的迷茫与焦虑。

第四类问题的解答：读者D应回归自己的初心——做业务操盘手。To B业务的产研周期比较长，如果相信产品可以解决客户的业务问题，或者觉得自己可以让业务找到新的破局点，同时公司的现金流可以支持自己向前探索，那么可以坚持，看看自己是否真的有能力从无到有开创业务，在坚持探索一段时间后，再重新选择。